Das große Raclette Kochbuch

Einfache und leckere Rezepte für den Raclette Grill – von klassischem Käse-Raclette über kreative Pfännchen-Ideen bis hin zu süßen Überraschungen.

Inhalt

Vorwort

Liebe Leserin, lieber Leser,

ich freue mich, dass du dich für dieses Buch entschieden hast, um in die köstliche und vielseitige Welt des Raclettes einzutauchen. Beim Raclette geht es nicht nur um das Essen, sondern auch um das Zusammensein, um das Teilen von Freude und Geschmack mit Freunden und Familie.

In diesem Buch möchte ich dir zeigen, wie vielfältig und kreativ Raclette sein kann. Von traditionellen Rezepten bis hin zu modernen, experimentellen Ideen – hier findest du alles, um dein Raclette-Abend zu einem unvergesslichen Erlebnis zu machen. Ob du nun Käse liebst, Vegetarier bist oder Fleisch bevorzugst, diese Sammlung von Rezepten bietet für jeden etwas.

Dieses Buch ist sowohl für Raclette-Neulinge als auch für erfahrene Genießer gedacht. Es soll dich inspirieren, eigene Kreationen zu wagen und deine kulinarischen Fähigkeiten zu erweitern. Raclette ist mehr als nur Kochen – es ist ein Erlebnis, das Gemeinschaft und Kreativität feiert.

Ich hoffe, dass dieses Buch nicht nur deine Kochkünste bereichert, sondern auch dazu beiträgt, warme und unvergessliche Momente mit deinen Liebsten zu schaffen. Lass dich von den Rezepten inspirieren, probiere sie zu Hause aus und entdecke vielleicht sogar dein neues Lieblingsgericht. Genieße jedes Rezept und vor allem, genieße die Zeit, die du beim Kochen und Essen mit anderen verbringst.

Hinweis zu den Rezepten

Du wirst vielleicht bemerkt haben, dass in meinem Kochbuch etwas fehlt, was in vielen anderen Kochbüchern üblich ist: Bilder. Ich habe lange über diese Entscheidung nachgedacht und möchte dir gerne erläutern, warum ich diesen unkonventionellen Weg gewählt habe.

In erster Linie glaube ich fest daran, dass das Kochen eine Kunst ist, und wie bei jeder Kunst, spielen Vorstellungskraft und Kreativität eine entscheidende Rolle. Wenn ich dir genau vorschreibe und zeige, wie ein Gericht aussehen sollte, dann könnte ich ungewollt deine eigene Kreativität und Vorstellungskraft einschränken. Ich möchte, dass du dir beim Lesen meiner Rezepte eigene Bilder in deinem Kopf formst, dass du die Zutaten und das Endprodukt in deiner Vorstellung farbenfroh und lebendig visualisierst.

Dann gibt es da noch einen weiteren, sehr persönlichen Grund. Ich bin der Meinung, dass Bilder oft Erwartungen setzen. Wie oft habe ich schon ein Gericht nach einem Rezept zubereitet und war enttäuscht, weil es nicht genau so aussah wie auf dem Bild? Diesen Druck, ein perfektes, fotogenes Ergebnis zu erzielen, möchte ich dir ersparen. Ich möchte, dass du das Kochen genießt, ohne dich ständig mit einem Bild vergleichen zu müssen. Es geht um den Geschmack, das Erlebnis und das Teilen von Mahlzeiten mit denen, die dir nahe stehen, nicht um die Perfektion eines Fotos.

Ein weiterer Aspekt ist die Einzigartigkeit. Jeder von uns hat einen anderen Geschmack, andere Vorlieben und einen anderen Stil beim Anrichten. Wenn du mein Rezept nimmst und es zu deinem eigenen machst, wird es etwas Einzigartiges sein, etwas, das nur du so kreieren kannst. Und dieser Gedanke erfüllt mich mit Freude.

Schließlich möchte ich, dass mein Kochbuch nicht nur eine Anleitung, sondern auch eine Inspirationsquelle ist. Ich hoffe, dass du die Freiheit, die ich dir durch das Fehlen von Bildern gebe, als eine Einladung siehst, zu experimentieren, zu improvisieren und über den Tellerrand hinauszuschauen.

Käse

Schweizer Raclette-Käse mit Paprikawürfeln

Zubereitungszeit: 20 Minuten
Portionen: 4

Zutaten:

- 600 g Schweizer Raclette-Käse, in Scheiben geschnitten
- 2 rote Paprika, gewürfelt
- 2 gelbe Paprika, gewürfelt
- 200 g kleine festkochende Kartoffeln, vorgekocht und halbiert
- 1 Bund Frühlingszwiebeln, in Ringe geschnitten
- 4 EL natives Olivenöl extra
- 1 TL Paprikapulver, edelsüß
- Salz und Pfeffer nach Geschmack
- Frische Kräuter (z.B. Thymian, Oregano), gehackt

Zubereitung:

1. Heize zuerst deinen Raclette-Grill vor. Währenddessen kannst du die vorgekochten Kartoffelhälften mit etwas Olivenöl, Salz und dem Paprikapulver vermischen. Leg die Kartoffeln dann oben auf den Grill und lass sie rundum goldbraun werden.

2. Nun nimmst du die Paprikawürfel und mischst sie mit den restlichen 2 EL Olivenöl und den Frühlingszwiebelringen. Würze das Ganze mit Salz und Pfeffer nach deinem Geschmack. Verteile diese Mischung in den Raclette-Pfännchen.

3. Jetzt legst du eine Scheibe Raclette-Käse über die Paprika-Frühlingszwiebel-Mischung in jedes Pfännchen. Lass den Käse unter dem Grill schmelzen, bis er blubbert und die Ränder leicht braun sind.

4. Bestreue die Pfännchen mit den frischen Kräutern.

5. Serviere die Pfännchen zusammen mit den knusprigen Kartoffeln. Guten Appetit.

Gorgonzola-Pilz-Pfännchen

Zubereitungszeit: 15 Minuten
Portionen: 4

Zutaten:

- 250 g frische Champignons, in Scheiben geschnitten
- 150 g Gorgonzola, gewürfelt
- 1 mittelgroße rote Zwiebel, fein gewürfelt
- 4 EL Walnüsse, grob gehackt
- 2 EL frische Petersilie, gehackt
- 1 TL getrockneter Thymian
- 2 EL natives Olivenöl extra
- Schwarzer Pfeffer, frisch gemahlen
- 1 Prise Salz

Zubereitung:

1. Heize zuerst deinen Raclette Grill vor.

2. Nimm dir die Champignonscheiben und mische sie in einer Schüssel mit dem Olivenöl, dem Thymian, einer Prise Salz und etwas frisch gemahlenem Pfeffer.

3. Verteile nun die gewürfelte rote Zwiebel gleichmäßig auf die Raclette-Pfännchen.

4. Gib darauf die marinierten Champignonscheiben und streue die Walnüsse darüber.

5. Zum Schluss legst du die Gorgonzola-Würfel oben auf die Pilz-Nuss-Mischung.

6. Nun den Käse unter dem Raclette Grill für etwa 6-8 Minuten grillen, bis der Käse blubbert und leicht gebräunt ist.

7. Nimm die Pfännchen vorsichtig vom Grill und bestreue jedes mit frischer Petersilie. Guten Appetit.

Geräucherter Cheddar mit Baconwürfeln

Zubereitungszeit: 15 Minuten
Portionen: 4

Zutaten:

- 200 g geräucherter Cheddar, grob gerieben
- 150 g Bacon, in kleine Würfel geschnitten
- 2 mittelgroße Kartoffeln, vorgekocht und in dünne Scheiben geschnitten
- 1 rote Zwiebel, in feine Würfel geschnitten
- 1 grüner Apfel, entkernt und in dünne Spalten geschnitten
- 4 EL Schnittlauch, frisch geschnitten
- Salz und Pfeffer zum Abschmecken
- Ein wenig Paprikapulver, edelsüß

Zubereitung:

1. Erhitze zuerst deinen Raclette-Grill. Während der Grill aufwärmt, kannst du die Baconwürfel in einer kleinen Pfanne anbraten, bis sie knusprig sind. Danach nimmst du sie heraus und legst sie auf Küchenpapier, damit das überschüssige Fett aufgesogen wird.

2. Nun verteilst du die Kartoffelscheiben gleichmäßig auf die Raclette-Pfännchen.

3. Streue als Nächstes die roten Zwiebelwürfel über die Kartoffeln.

4. Jetzt legst du auf jedes Pfännchen ein paar Apfelspalten.

5. Verteile den geriebenen Cheddar großzügig über die Zwiebeln, Äpfel und Kartoffeln.

6. Nun gibst du eine gute Prise Salz und Pfeffer darüber und bestreust alles mit einer leichten Schicht Paprikapulver.

7. Zu guter Letzt verteilst du die knusprigen Baconwürfel auf dem Cheddar.

8. Stelle die Pfännchen unter den Raclette-Grill und lasse den Käse schmelzen. Dies dauert normalerweise 5 bis 7 Minuten, je nachdem, wie heiß dein Grill ist.

9. Sobald der Käse geschmolzen und leicht gebräunt ist, streue etwas frischen Schnittlauch über jedes Pfännchen. Guten Appetit.

Mozzarella-Tomaten-Pfännchen

Zubereitungszeit: 10 Minuten
Portionen: 4

Zutaten:

- 200 g Mozzarella, in kleine Würfel geschnitten
- 4 mittelgroße Tomaten, gewürfelt
- Ein paar frische Basilikumblätter, grob gezupft
- 1 kleine rote Zwiebel, fein gewürfelt
- 2 EL natives Olivenöl extra
- Salz und frisch gemahlener weißer Pfeffer
- 1 TL getrockneter Oregano
- 4 EL Balsamico-Creme
- 100 g Rucola, grob gehackt

Zubereitung:

1. Beginne damit, dass du die Mozzarellawürfel gleichmäßig auf die Raclette-Pfännchen verteilst. Gib dann zu jedem Pfännchen eine Handvoll Tomatenwürfel hinzu. Jetzt streust du die roten Zwiebelwürfel darüber und gibst bei jedem Pfännchen etwas von den Basilikumblättern dazu.

2. Träufle über jede der Kreationen ein wenig Olivenöl und würze sie mit einer Prise Salz und frisch gemahlenem Pfeffer. Bestreue alles mit einer leichten Prise Oregano.

3. Nun setze die Pfännchen in dein Raclette-Gerät und lass sie dort so lange, bis der Mozzarella geschmolzen ist. Das sollte in etwa 5 bis 7 Minuten dauern, je nach Hitze deines Raclette-Grills.

4. In der Zwischenzeit mische den gehackten Rucola mit der Balsamico-Creme und verteile diese Mischung auf den geschmolzenen Inhalt der Pfännchen.

5. Lass das Ganze noch etwa eine Minute im Raclette-Grill. Guten Appetit.

Emmentaler mit Birnenscheiben

Zubereitungszeit: 15 Minuten
Portionen: 4

Zutaten:

- 200 g Emmentaler, in kleine Würfel geschnitten
- 2 reife Birnen, entkernt und in dünne Scheiben geschnitten
- 4 TL Honig
- 50 g Walnusskerne, grob gehackt
- 1 TL Thymianblätter, frisch
- Pfeffer, frisch gemahlen

Zubereitung:

1. Beginne damit, die Birnenscheiben gleichmäßig auf die Raclette-Pfännchen zu verteilen. Leg darauf die Emmentaler Würfel, sodass sie die Birnen leicht bedecken. Jetzt gibst du auf jedes Pfännchen eine Prise frischen Thymian und etwas frisch gemahlenen Pfeffer. Über die Käse-Birnen-Mischung träufelst du jeweils einen Teelöffel Honig und streust die grob gehackten Walnüsse darüber.

2. Nun stellst du die Pfännchen unter den heißen Raclette-Grill und lässt sie dort, bis der Käse schmilzt und die Birnen ein wenig weich werden. Das dauert in der Regel nicht länger als 4-5 Minuten, je nachdem, wie heiß dein Raclette Grill ist.

3. Sobald der Käse die richtige Konsistenz erreicht hat, nimm die Pfännchen vorsichtig heraus. Guten Appetit.

Ziegenkäse-Honig-Walnuss-Gratin

Zubereitungszeit: ca. 10 Minuten
Portionen: 4

Zutaten:

- 200 g Ziegenfrischkäse, in Scheiben geschnitten
- 4 EL Honig
- 60 g Walnüsse, grob gehackt
- 2 reife Birnen, entkernt und in dünne Spalten geschnitten
- 1 Prise weißer Pfeffer, frisch gemahlen
- 4 Zweige frischer Thymian, Blätter abgezupft
- 4 TL Balsamico-Creme

Zubereitung:

1. Verteile die Ziegenkäse-Scheiben gleichmäßig auf die Raclette-Pfännchen.

2. Lege darauf die Birnenspalten und bestreue das Ganze mit den gehackten Walnüssen.

3. Jetzt träufelst du auf jedes Pfännchen je einen EL Honig und gibst einen Teelöffel Balsamico-Creme dazu.

4. Würze jedes Pfännchen mit einer Prise frisch gemahlenem Pfeffer und streue die Thymianblätter darüber.

5. Setze die Pfännchen unter den Grill deines Raclette-Geräts, bis der Käse schmilzt und die Oberfläche goldbraun ist – das dauert etwa 4-5 Minuten, abhängig von deinem Gerät.

6. Serviere die Pfännchen direkt nach dem Überbacken. Sie sind perfekt, wenn der Käse noch zart schmilzt und die Birnen ein wenig warm sind. Guten Appetit.

Camembert und Cranberry-Pfännchen

Zubereitungszeit: 15 Minuten
Portionen: 4

Zutaten:

- 200 g Camembert, in kleine Würfel geschnitten
- 100 g getrocknete Cranberries
- 4 EL Walnüsse, grob gehackt
- 2 Birnen, entkernt und in dünne Spalten geschnitten
- 4 TL Honig
- 2 TL frischer Thymian, gezupft
- Frisch gemahlener weißer Pfeffer

Zubereitung:

1. Nimm dir Raclette-Pfännchen zur Hand und verteile die Camembert-Würfel gleichmäßig auf dem Boden der Pfännchen.

2. Streue nun die getrockneten Cranberries und die gehackten Walnüsse über den Käse.

3. Leg die Birnenspalten kreisförmig über die Cranberry-Walnuss-Mischung in die Pfännchen, sodass sie leicht überlappen.

4. Gib auf jedes Pfännchen einen Teelöffel Honig und bestreue alles mit dem frischen Thymian und Pfeffer.

5. Schiebe die Pfännchen unter das Raclette-Grillgerät und lasse den Camembert schmelzen. Dies dauert in der Regel 4-5 Minuten, je nachdem wie heiß dein Raclette-Grill ist.

6. Sobald der Käse geschmolzen und die Birnen warm sind, nimm die Pfännchen heraus und serviere sie direkt. Guten Appetit.

Feta-Oliven-Tapas-Pfännchen

Zubereitungszeit: 20 Minuten
Portionen: 4

Zutaten:

- 200 g Feta, gewürfelt
- 100 g schwarze Oliven, entsteint und halbiert
- 2 mittelgroße Tomaten, gewürfelt
- 1 rote Paprika, in Streifen geschnitten
- 1 kleine rote Zwiebel, in feine Ringe geschnitten
- 4 EL natives Olivenöl extra
- 1 TL getrockneter Oregano
- 1 TL Paprikapulver, edelsüß
- Frischer Thymian, Blättchen abgezupft
- Weißer Pfeffer aus der Mühle
- Frisches Basilikum

Zubereitung:

1. Zuerst nimmst du Raclette-Pfännchen und verteilst die gewürfelten Feta-Stücke gleichmäßig darin.

2. Gib nun zu jedem Pfännchen eine Handvoll der halbierten schwarzen Oliven und die gewürfelten Tomaten hinzu.

3. Die rote Paprika, in Streifen geschnitten, und die feinen Ringe der roten Zwiebel kommen jetzt dazu. Verteile sie über die Käse-Oliven-Mischung.

4. Jetzt beträufelst du jede der bunten Kreationen mit einem EL Olivenöl.

5. Bestreue jedes Pfännchen mit Oregano, Paprikapulver, frischen Thymianblättchen und ein wenig frisch gemahlenem Pfeffer.

6. Schiebe die Pfännchen nun unter den Raclette-Grill und lasse sie dort, bis der Feta leicht goldbraun ist – das dauert in etwa 6-8 Minuten.

7. Zum Schluss garnierst du jedes Pfännchen mit frischen Basilikumblättern. Guten Appetit.

Herzhafte Raclette-Brie-Ecken mit Feigen

Zubereitungszeit: 15 Minuten
Portionen: 4

Zutaten:

- 200 g Brie, in Scheiben geschnitten
- 8 frische Feigen, geviertelt
- 2 EL natives Olivenöl extra
- 1 TL Thymian, frisch, gehackt
- 1 TL Rosmarin, frisch, gehackt
- 1 Baguette, in Scheiben geschnitten
- Salz und Pfeffer nach Geschmack
- 4 TL Honig
- 100 g Walnusskerne, grob gehackt

Zubereitung:

1. Heize deinen Raclette-Grill vor. Bestreiche die Baguettescheiben mit etwas Olivenöl und bestreue sie mit einer Prise Salz und Pfeffer.

2. Lege eine Scheibe Brie auf jede Baguettescheibe und gib zwei Feigenviertel dazu. Streue etwas Thymian und Rosmarin über den Brie und die Feigen.

3. Setze die belegten Baguettescheiben in die Raclette-Pfännchen. Träufle jeweils einen Teelöffel Honig über den Brie und die Feigen.

4. Streue die gehackten Walnüsse über die vorbereiteten Pfännchen, bevor du sie unter den Raclette-Grill schiebst.

5. Lass alles unter dem Grill etwa 4-6 Minuten schmelzen und goldbraun werden, achte darauf, dass der Käse nicht verbrennt.

6. Sobald der Brie geschmolzen und das Baguette knusprig ist, nimm die Pfännchen heraus und serviere sie. Guten Appetit.

Würziger Gouda mit Kräuterkartoffeln

Zubereitungszeit: 20 Minuten
Portionen: 4

Zutaten:

- 200 g Gouda, in kleine Würfel geschnitten
- 500 g kleine Kartoffeln, gewaschen und halbiert
- 2 EL natives Olivenöl extra
- 1 TL getrockneter Thymian
- 1 TL getrockneter Rosmarin
- 1/2 TL Paprikapulver, edelsüß
- Salz und frisch gemahlener Pfeffer nach Geschmack
- 4 Frühlingszwiebeln, in feine Ringe geschnitten
- 100 ml saure Sahne

Zubereitung:

1. Heize deinen Raclette Grill vor. In einer Schüssel vermischst du die halbierten Kartoffeln mit Olivenöl, Thymian, Rosmarin, Paprikapulver, Salz und Pfeffer, bis alles gut bedeckt ist.

2. Verteile die gewürzten Kartoffeln auf die Raclette-Pfännchen und lass sie für etwa 10 Minuten unter dem Grill garen, bis sie weich und leicht gebräunt sind.

3. Gib nach dieser Zeit einige Gouda-Würfel über die Kartoffeln und grilliere sie weitere 5 Minuten, bis der Käse geschmolzen und leicht knusprig ist.

4. Währenddessen rührst du die saure Sahne in einer kleinen Schale glatt und würzt sie mit einer Prise Salz und Pfeffer.

5. Nimm die Pfännchen vorsichtig vom Grill, bestreue sie mit den Frühlingszwiebelringen und gib einen Klecks der gewürzten sauren Sahne darüber.

6. Serviere die Pfännchen. Guten Appetit.

Provolone mit Chorizo-Scheiben

Zubereitungszeit: 15 Minuten
Portionen: 4

Zutaten:

- 200 g Provolone Käse, in 0,5 cm dicke Scheiben geschnitten
- 100 g Chorizo, in dünne Scheiben geschnitten
- 1 mittelgroße rote Paprika, in kleine Würfel geschnitten
- 1 mittelgroße Zwiebel, fein gehackt
- 4 EL natives Olivenöl extra
- 2 TL Paprikapulver, edelsüß
- 1 TL getrockneter Oregano
- 1 TL weißer Pfeffer, frisch gemahlen
- Frisches Basilikum, grob gehackt
- 4 kleine Ciabatta-Brötchen, in Scheiben geschnitten

Zubereitung:

1. Heize deinen Raclette Grill vor.
2. Verteile die Zwiebelwürfel auf Raclette-Pfännchen und träufle je 1 EL Olivenöl darüber.
3. Leg auf jedes Pfännchen einige Scheiben Chorizo.
4. Bestreue die Chorizo mit Paprikapulver, Oregano und Pfeffer.
5. Leg nun jeweils zwei Scheiben Provolone Käse auf die Chorizo.
6. Verteile die Paprikawürfel auf dem Käse.
7. Stelle die Pfännchen unter den Raclette-Grill und lasse alles für etwa 5-7 Minuten schmelzen und leicht bräunen.
8. Währenddessen röste die Ciabatta-Scheiben auf der oberen Grillfläche des Raclette Grills leicht an.
9. Sobald der Käse geschmolzen und die Chorizo heiß ist, nimm die Pfännchen vom Grill und garniere mit dem frisch gehackten Basilikum.
10. Serviere die heißen Pfännchen zusammen mit den gerösteten Ciabatta-Scheiben. Guten Appetit.

Pfeffer-Raclette mit Radieschen

Zubereitungszeit: 30 Minuten
Portionen: 4

Zutaten:

- 800 g Raclettekäse, in Scheiben geschnitten
- 2 Bund Radieschen, in dünne Scheiben geschnitten
- 1 TL weißer Pfeffer, grob gemahlen
- 4 mittelgroße Kartoffeln, vorgekocht und in Scheiben geschnitten
- 1 Bund Frühlingszwiebeln, in Ringe geschnitten
- 8 EL eingelegte grüne Pfefferkörner
- 1 EL natives Olivenöl extra
- 4 TL Honig
- Frische Kräuter (z.B. Thymian und Oregano), gehackt
- Salz nach Geschmack

Zubereitung:

1. Heize deinen Raclette Grill vor. Verteile währenddessen die Kartoffelscheiben auf die Raclette-Pfännchen als unterste Schicht.

2. Streue nun etwas Salz und den grob gemahlenen Pfeffer über die Kartoffeln.

3. Lege eine Schicht Radieschenscheiben auf die gewürzten Kartoffeln.

4. Gib nun auf jedes Pfännchen ein paar eingelegte grüne Pfefferkörner und verteile sie gleichmäßig.

5. Bedecke die Zutaten mit den Raclettekäsescheiben.

6. Träufle einen TL Honig über den Käse und gib eine Prise der frisch gehackten Kräuter darüber.

7. Stelle die Pfännchen unter den Raclette-Grill und lasse den Käse schmelzen, bis er leicht bräunt und blubbert.

8. In der Zwischenzeit beträufle die Frühlingszwiebelringe mit Olivenöl und brate sie auf der Grillplatte des Raclette-Grills an, bis sie leicht gebräunt sind.

9. Sobald der Käse geschmolzen ist, gib die angebratenen Frühlingszwiebeln über die Raclettepfännchen. Guten Appetit.

Parmesan-Zucchini-Röllchen

Zubereitungszeit: 15 Minuten
Portionen: 4

Zutaten:

- 2 mittelgroße Zucchini, in längliche Scheiben geschnitten
- 100 g Parmesan, frisch gerieben
- 8 kleine Kirschtomaten, halbiert
- 1 EL natives Olivenöl extra
- 1 TL italienische Kräuter, getrocknet
- Salz und frisch gemahlener schwarzer Pfeffer
- 8 TL Frischkäse
- 1 TL Paprikapulver, edelsüß

Zubereitung:

1. Heize zuerst deinen Raclette Grill vor. Währenddessen schneidest du die Zucchini der Länge nach in dünne Scheiben, sodass sie biegsam genug sind, um sie später rollen zu können.

2. Vermische in einer Schüssel Olivenöl, italienische Kräuter, Salz und Pfeffer. Bestreiche die Zucchinischeiben auf einer Seite mit dieser Mischung.

3. Lege jeweils eine Scheibe Zucchini flach auf dein Arbeitsbrett und verteile auf dem breiteren Ende einen TL Frischkäse. Bestreue den Frischkäse mit etwas Paprikapulver und lege zwei Halbmonde von Kirschtomaten darauf.

4. Streue jetzt reichlich Parmesan darüber.

5. Rolle die Zucchinischeiben vorsichtig auf, sodass die Füllung in der Mitte bleibt und der Parmesan außen klebt.

6. Lege die Röllchen nebeneinander in die Raclette-Pfännchen.

7. Setze die Pfännchen unter den Raclette Grill und lasse die Röllchen so lange grillen, bis der Parmesan geschmolzen und leicht goldbraun ist. Dies dauert ungefähr 4-6 Minuten, je nach Grill.

8. Serviere die heißen Röllchen direkt aus den Pfännchen. Guten Appetit.

Manchego mit Quittenpaste

Zubereitungszeit: 15 Minuten
Portionen: 4

Zutaten:

- 200 g Manchego-Käse, in dünne Scheiben geschnitten
- 4 EL Quittenpaste, in dünne Streifen geschnitten
- 1 mittelgroße Birne, in dünne Scheiben geschnitten
- 50 g Walnusskerne, grob gehackt
- 4 TL Honig
- 1 TL frischer Thymian, fein gehackt
- Frisch gemahlener weißer Pfeffer
- 1 Baguette, in Scheiben geschnitten

Zubereitung:

1. Verteile die Scheiben des Manchego-Käses gleichmäßig auf die Pfännchen.
2. Gib auf jedes Pfännchen ein paar Scheiben der Quittenpaste.
3. Lege zwei oder drei dünne Scheiben der Birne dazu.
4. Bestreue das Ganze mit den gehackten Walnüssen und einem Teelöffel Honig pro Pfännchen.
5. Streue etwas frischen Thymian und frisch gemahlenen Pfeffer darüber.
6. Lass die Pfännchen so lange unter dem Raclette Grill, bis der Käse weich ist und die Quittenpaste leicht zu zerlaufen beginnt.
7. Währenddessen kannst du die Baguettescheiben auf den Grill legen, bis sie knusprig sind.
8. Sobald alles fertig ist, schiebe den Inhalt der Pfännchen auf die Baguettescheiben. Guten Appetit.

Blauschimmelkäse mit Apfelstückchen

Zubereitungszeit: ca. 15 Minuten
Portionen: 4

Zutaten:

- 200 g Blauschimmelkäse, in kleine Würfel geschnitten
- 2 mittelgroße Äpfel, entkernt und in kleine Würfel geschnitten
- 4 TL Walnüsse, grob gehackt
- 4 TL Honig
- Frischer Thymian, die Blättchen abgezupft
- Frisch gemahlener weißer Pfeffer

Zubereitung:

1. Verteile die Apfelwürfel gleichmäßig auf die Raclette-Pfännchen.

2. Streue nun die Blauschimmelkäsewürfel über die Apfelstückchen.

3. Bestreue die Käse-Apfel-Mischung mit den gehackten Walnüssen und frischen Thymianblättchen nach Geschmack.

4. Träufle jeweils einen Teelöffel Honig über den Inhalt jedes Pfännchens.

5. Gib eine Prise frisch gemahlenen Pfeffer über jede Portion.

6. Stelle die Pfännchen unter den heißen Raclette-Grill und lass den Käse schmelzen und die Oberfläche leicht bräunen, was ungefähr 5-7 Minuten dauern sollte.

7. Sobald der Käse geschmolzen und leicht gebräunt ist, nimm die Pfännchen vorsichtig vom Grill. Guten Appetit.

Fleisch

Mini-Schnitzel mit Zwiebelconfit

Zubereitungszeit: 25 Minuten
Portionen: 4

Zutaten:

- 400 g Schweinelende, in 16 dünne Scheiben geschnitten
- Salz und Pfeffer zum Würzen
- 2 EL natives Olivenöl extra
- 4 große Zwiebeln, in dünne Ringe geschnitten
- 2 EL Balsamico-Essig
- 1 EL brauner Zucker
- 1 TL frischer Thymian, gehackt
- 100 ml Gemüsebrühe
- 4 Scheiben Raclettekäse, halbiert

Zubereitung:

1. Würze die Schnitzelscheiben mit Salz und Pfeffer.

2. Erhitze ein Pfännchen auf dem Raclette Grill, gib ein wenig Olivenöl hinein und lege zwei bis drei Schnitzelscheiben hinein. Brate sie von beiden Seiten jeweils 2-3 Minuten an, bis sie goldbraun sind. Wiederhole diesen Schritt, bis alle Schnitzel gebraten sind.

3. In einem anderen Pfännchen auf dem Grill karamellisiere die Zwiebelringe mit Balsamico-Essig und braunem Zucker. Gib dann die Gemüsebrühe und den Thymian hinzu und lasse das Ganze köcheln, bis die Flüssigkeit fast vollständig reduziert ist und die Zwiebeln weich sind.

4. Lege nun auf jedes gebratene Schnitzel ein Stück Raclettekäse und lass ihn schmelzen.

5. Sobald der Käse geschmolzen ist, toppe jedes Schnitzel mit einem Löffel des Zwiebelconfits.

6. Serviere die Mini-Schnitzel direkt aus den Pfännchen. Guten Appetit.

Hähnchenbrust mit Pesto-Marinade

Zubereitungszeit: 20 Minuten
Portionen: 4

Zutaten:

- 4 Hähnchenbrustfilets, in Streifen geschnitten
- 2 EL grünes Pesto
- 1 EL natives Olivenöl extra
- 1 rote Paprika, entkernt und in Streifen geschnitten
- 1 Zucchini, in dünne Scheiben geschnitten
- 1 gelbe Paprika, entkernt und in Streifen geschnitten
- 100 g frische Champignons, in Scheiben geschnitten
- 100 g Cherrytomaten, halbiert
- Salz und Pfeffer nach Geschmack
- 100 g Feta, gewürfelt
- Frische Basilikumblätter

Zubereitung:

1. Vermische das grüne Pesto mit dem Olivenöl in einer Schüssel. Würze die Hähnchenbruststreifen mit Salz und Pfeffer und mische sie dann unter die Pesto-Marinade.

2. Heize den Raclette Grill vor und öle die Pfännchen leicht ein.

3. Verteile die marinierten Hähnchenbruststreifen gleichmäßig auf die Pfännchen und füge zu jedem Pfännchen einige Streifen rote und gelbe Paprika sowie Zucchinischeiben hinzu.

4. Lege in weitere Pfännchen die Champignonscheiben und Cherrytomatenhälften und bestreue sie mit Feta-Würfeln.

5. Setze die Pfännchen unter den Raclette-Grill und grille alles für etwa 10 Minuten, bis das Hähnchen durchgegart und das Gemüse weich ist.

6. Garniere alles mit frischen Basilikumblättern. Guten Appetit.

Scharfe Chorizo-Plätzchen

Zubereitungszeit: ca. 15 Minuten
Portionen: 4

Zutaten:

- 200 g Chorizo, in dünne Scheiben geschnitten
- 2 mittelgroße Kartoffeln, in sehr dünne Scheiben gehobelt
- 100 g Manchego-Käse, fein gerieben
- 1 rote Paprika, in kleine Würfel geschnitten
- 1 kleine rote Zwiebel, in feine Würfel geschnitten
- 2 EL natives Olivenöl extra
- 1/2 TL Paprikapulver, scharf
- 1/2 TL getrockneter Oregano
- Salz und Pfeffer nach Geschmack
- Frische Petersilie, gehackt

Zubereitung:

1. Heize deinen Raclette-Grill vor.

2. Verteile die Kartoffelscheiben gleichmäßig auf die Pfännchen, sodass der Boden bedeckt ist.

3. Beträufle die Kartoffeln mit etwas Olivenöl und würze sie mit Salz, Pfeffer sowie einer Prise scharfem Paprika.

4. Leg jeweils einige Scheiben Chorizo auf die Kartoffeln.

5. Streue nun die roten Paprikawürfel und die Zwiebelwürfel über die Chorizo.

6. Bestreue das Ganze mit dem geriebenen Manchego-Käse und streue etwas Oregano darüber.

7. Lasse die Pfännchen unter dem Raclette-Grill so lange garen, bis die Chorizo leicht knusprig und der Käse geschmolzen ist.

8. Nimm die Pfännchen vorsichtig vom Grill und garniere alles mit frischer Petersilie. Guten Appetit.

Schweinefilet mit Rosmarinkruste

Zubereitungszeit: 20 Minuten
Portionen: 4

Zutaten:

- 400 g Schweinefilet, in 8 Medaillons geschnitten
- 4 EL natives Olivenöl extra
- 8 Zweige frischer Rosmarin, Nadeln abgezupft und fein gehackt
- 4 EL Semmelbrösel
- 100 g Parmesan, frisch gerieben
- 1 TL grobes Meersalz
- 1 TL frisch gemahlener schwarzer Pfeffer
- 2 rote Zwiebeln, in feine Ringe geschnitten
- 100 g Kirschtomaten, halbiert
- 2 EL Balsamico-Essig
- Aluminiumfolie für die Pfännchen

Zubereitung:

1. Schweinefiletmedaillons mit 2 EL Olivenöl einpinseln und mit Salz und Pfeffer würzen.

2. In einer kleinen Schüssel Semmelbrösel, gehackten Rosmarin und Parmesan mischen.

3. Diese Mischung auf die Oberseite der Medaillons drücken, sodass eine Kruste entsteht.

4. Zwiebelringe mit den Kirschtomaten, Balsamico-Essig und dem restlichen Olivenöl vermengen.

5. Raclette-Pfännchen mit Aluminiumfolie auslegen und die vorbereiteten Medaillons hineinlegen.

6. Die Zwiebel-Tomaten-Mischung neben das Fleisch in die Pfännchen verteilen.

7. Alles unter dem Raclette-Grill so lange garen, bis die Kruste goldbraun und das Schweinefilet nach Wunsch gebraten ist. Guten Appetit.

Rinderfiletstreifen in Rotweinsauce

Zubereitungszeit: 25 Minuten
Portionen: 4

Zutaten:

- 600 g Rinderfilet, in Streifen geschnitten
- 2 EL natives Olivenöl extra
- 1 TL Salz
- 1 TL schwarzer Pfeffer, frisch gemahlen
- 200 ml Rotwein, trocken
- 1 Zwiebel, fein gewürfelt
- 2 Knoblauchzehen, fein gehackt
- 200 g frische Champignons, in Scheiben geschnitten
- 2 EL dunkle Sojasauce
- 1 EL Honig
- 1 TL getrockneter Thymian
- 100 ml Rinderbrühe
- 2 EL Butter
- 1 EL Mehl
- 100 g Blauschimmelkäse, zerbröckelt
- Frische Petersilie, gehackt

Zubereitung:

1. Heize deinen Raclette Grill vor. Würze die Rinderfiletstreifen mit Salz und Pfeffer und beträufle sie mit 1 EL Olivenöl.

2. Mische in einer Schüssel Rotwein, Sojasauce, Honig und Thymian.

3. Verteile die Rinderfiletstreifen und Champignons auf die Raclette-Pfännchen. Gib die Zwiebel und den Knoblauch dazu.

4. Gieße die Rotweinmischung über die Zutaten.

5. Stelle die Pfännchen unter den Grill und lasse alles für etwa 6-8 Minuten garen, bis das Fleisch deinen gewünschten Gargrad erreicht hat.

6. Währenddessen verrühre die Butter und das Mehl in einem kleinen Topf und koche es für ein paar Minuten. Füge dann langsam die Rinderbrühe hinzu und koche es auf, bis eine sämige Sauce entsteht.

7. Wenn das Fleisch und die Pilze gar sind, gib die Sauce über die Rinderfiletstreifen.

8. Bestreue die Pfännchen mit Blauschimmelkäse und lass diesen kurz unter dem Grill schmelzen.

9. Garniere alles mit frischer Petersilie. Guten Appetit.

Lammkoteletts mit Thymianbutter

Zubereitungszeit: 30 Minuten
Portionen: 4

Zutaten:

- 8 Lammkoteletts, pariert
- 150 g weiche Butter
- 4 Zweige frischer Thymian, Blätter abgezupft und fein gehackt
- 2 Knoblauchzehen, fein gewürfelt
- Salz und Weißer Pfeffer
- 100 ml natives Olivenöl extra
- 2 rote Paprika, in kleine Würfel geschnitten
- 1 große Zwiebel, in feine Streifen geschnitten
- 200 g Kirschtomaten, halbiert
- 100 g Feta, zerbröckelt

Zubereitung:

1. Zuerst vermengst du die Butter mit den Thymianblättern und dem Knoblauch in einer kleinen Schüssel. Mit Salz und Pfeffer würzt du die Thymianbutter nach deinem Geschmack. Diese stellst du beiseite.

2. Die Lammkoteletts salzt und pfefferst du und beträufelst sie dann mit etwas Olivenöl. Jedes Kotelett legst du in ein eigenes Pfännchen.

3. Die Paprikawürfel, Zwiebelstreifen und Kirschtomaten verteilst du auf weitere Pfännchen, gibst einen Schuss Olivenöl darüber und würzt sie mit Salz und Pfeffer.

4. Unter dem Raclette Grill erhitzt du zuerst die Gemüsepfännchen, bis das Gemüse weich und leicht gebräunt ist, was etwa 10-15 Minuten dauern sollte.

5. Danach gibst du die Pfännchen mit den Lammkoteletts auf den Grill und lässt sie je nach gewünschtem Gargrad garen. Für ein medium gegartes Kotelett benötigst du etwa 6-8 Minuten pro Seite.

6. Kurz bevor die Lammkoteletts fertig sind, verteilst du etwas von der Thymianbutter auf jedes Kotelett und lässt sie in der Resthitze schmelzen.

7. Zum Schluss bestreust du das gegrillte Gemüse mit zerbröckeltem Feta und richtest es zusammen mit den Lammkoteletts an. Guten Appetit.

Putenbruststreifen in Currycreme

Zubereitungszeit: 30 Minuten
Portionen: 4

Zutaten:

- 500 g Putenbrust, in Streifen geschnitten
- 2 EL Currypulver
- 200 ml Kokosmilch, ungesüßt
- 100 ml Gemüsebrühe
- 1 rote Paprika, in Würfel geschnitten
- 1 Zucchini, in Scheiben geschnitten
- 2 EL Sojasauce
- 1 EL Honig
- 2 EL natives Olivenöl extra
- Salz und Pfeffer zum Abschmecken
- Frische Petersilie, gehackt
- 1 kleine rote Zwiebel, fein gewürfelt

Zubereitung:

1. Vermenge in einer Schüssel die Putenbruststreifen mit einem EL Currypulver, Salz und Pfeffer. Stelle dies beiseite.

2. In einer anderen Schüssel verrührst du Kokosmilch, Gemüsebrühe, Sojasauce, Honig und den restlichen EL Currypulver zu einer glatten Currycreme.

3. Heize deinen Raclette Grill vor.

4. Verteile die Putenbruststreifen auf die Raclette-Pfännchen.

5. Gib zu jedem Pfännchen ein paar Zucchini-Scheiben und Paprikawürfel hinzu.

6. Träufle ein wenig Olivenöl über das Gemüse und die Putenstreifen.

7. Gieße nun vorsichtig die Currycreme darüber, bis alles leicht bedeckt ist.

8. Lasse die Pfännchen unter dem Raclette Grill so lange garen, bis die Putenbruststreifen durchgebraten sind und das Gemüse weich ist. Dies sollte etwa 15 Minuten dauern.

9. Vor dem Servieren bestreust du alles mit frischer Petersilie und gibst ein paar Zwiebelwürfel darüber. Guten Appetit.

Hackbällchen Toskana-Art

Zubereitungszeit: 30 Minuten
Portionen: 4

Zutaten:

- 500 g gemischtes Hackfleisch
- 2 EL getrocknete italienische Kräuter
- 50 g Parmesan, fein gerieben
- 2 EL Semmelbrösel
- 1 Bio-Ei, verquirlt
- Salz und frisch gemahlener Pfeffer
- 100 g Mini-Mozzarellakugeln
- 200 g Kirschtomaten, halbiert
- 1 Zucchini, in dünne Scheiben geschnitten
- 100 g schwarze Oliven, entsteint und halbiert
- 4 EL natives Olivenöl extra
- Frischer Basilikum, grob gehackt

Zubereitung:

1. Vermische das Hackfleisch mit den italienischen Kräutern, Parmesan, Semmelbröseln und dem verquirlten Ei in einer Schüssel. Würze die Masse mit Salz und Pfeffer.

2. Forme aus der Hackfleischmischung kleine Bällchen, etwa so groß wie Walnüsse.

3. Setze in jedes Raclette-Pfännchen zwei Hackbällchen.

4. Gib in jedes Pfännchen einige Mozzarellakugeln, Kirschtomatenhälften, Zucchinischeiben und Oliven.

5. Beträufle die Zutaten jeweils mit einem EL Olivenöl und würze nach Bedarf mit Salz und Pfeffer.

6. Lasse die Pfännchen unter dem Raclette-Grill für etwa 10-15 Minuten garen, bis die Hackbällchen durchgebraten und der Mozzarella geschmolzen ist.

7. Nimm die Pfännchen vorsichtig heraus und bestreue die Hackbällchen mit Basilikum. Guten Appetit.

Kalbsleberwürfel mit Salbei

Zubereitungszeit: 20 Minuten
Portionen: 4

Zutaten:

- 400 g Kalbsleber, in Würfel geschnitten
- 4 EL natives Olivenöl extra
- 1 Bund frischer Salbei, Blätter abgezupft
- 2 rote Zwiebeln, in dünne Ringe geschnitten
- 2 Äpfel, entkernt und in dünne Spalten geschnitten
- 4 EL Balsamico-Essig
- Salz und frisch gemahlener weißer Pfeffer
- 100 g geriebener Hartkäse (z.B. Gruyère)

Zubereitung:

1. Kalbsleberwürfel mit Salz und Pfeffer würzen und mit 2 EL Olivenöl in einer Schüssel vermischen. Zwiebelringe, Apfelspalten und Salbeiblätter separat in je einer kleinen Schüssel mit dem restlichen Olivenöl vermengen und auch leicht salzen.

2. Raclette-Pfännchen vorbereiten, indem du jeweils einige Würfel der marinierten Kalbsleber hineingibst. Zu den Leberwürfeln fügst du nun einige Zwiebelringe, Apfelspalten und zwei bis drei Salbeiblätter hinzu.

3. Die Pfännchen unter den Raclette-Grill schieben und warten, bis die Kalbsleberwürfel gut gebräunt sind. Dies dauert je nach Grill etwa 6-8 Minuten.

4. Kurz bevor die Kalbsleber fertig ist, ein wenig Balsamico-Essig über jedes Pfännchen träufeln und den geriebenen Käse darüberstreuen.

5. Die Pfännchen nochmals unter den Grill schieben, bis der Käse geschmolzen und leicht goldbraun ist. Guten Appetit.

Datteln im Speckmantel

Zubereitungszeit: 15 Minuten
Portionen: 4

Zutaten:

- 16 Datteln, entsteint
- 8 Scheiben Frühstücksspeck, halbiert
- 100 g Ziegenkäse, in kleine Stücke geschnitten
- 2 EL natives Olivenöl extra
- 2 EL Balsamico-Creme
- 4 TL Honig
- 1 TL Thymian, frisch und gehackt
- Pfeffer, frisch gemahlen

Zubereitung:

1. Lege eine Dattel auf ein Ende der halbierten Speckscheibe, füge ein Stück Ziegenkäse hinzu und würze es mit etwas Pfeffer. Wickel den Speck fest um die Dattel und den Käse.

2. Wiederhole diesen Vorgang, bis alle Datteln umwickelt sind.

3. Mische in einer kleinen Schüssel das Olivenöl mit der Balsamico-Creme, dem Honig und dem Thymian, um eine Marinade zu erhalten.

4. Bestreiche die Speck-Datteln rundherum mit der Marinade und lege sie in die Raclette-Pfännchen.

5. Stelle die Pfännchen unter den Raclette-Grill und lasse die Speck-Datteln für etwa 5-6 Minuten garen, bis der Speck knusprig und der Käse geschmolzen ist.

6. Nimm die Pfännchen vorsichtig vom Grill und serviere es. Guten Appetit.

Raclette Pfännchen mit Salsiccia

Zubereitungszeit: 30 Minuten
Portionen: 4

Zutaten:

- 400 g Salsiccia, in Scheiben geschnitten
- 1 rote Paprika, in Würfel geschnitten
- 1 Zucchini, in dünne Scheiben geschnitten
- 200 g kleine frische Champignons, halbiert
- 2 rote Zwiebeln, in Spalten geschnitten
- 8 EL natives Olivenöl extra
- Salz und Pfeffer nach Geschmack
- 1 Bund Petersilie, fein gehackt
- 200 g Raclettekäse, in Scheiben geschnitten

Zubereitung:

1. Heize deinen Raclette-Grill vor.

2. Verteile die Salsiccia-Scheiben, Paprikawürfel, Zucchinischeiben, Champignonhälften und Zwiebelspalten auf die Pfännchen.

3. Träufle auf jedes Pfännchen etwa 1 EL Olivenöl und würze die Zutaten mit Salz und Pfeffer.

4. Lass das Gemüse und die Salsiccia unter dem Raclette-Grill garen, bis das Gemüse weich und die Wurst gebräunt ist.

5. Wenn alles fast fertig ist, lege eine Scheibe Raclettekäse auf jede Portion und lass den Käse schmelzen.

6. Bestreue alles mit frisch gehackter Petersilie.

7. Serviere die Pfännchen direkt aus dem Grill. Guten Appetit.

Beef Jerky und Gouda-Würfel

Zubereitungszeit: 15 Minuten
Portionen: 4

Zutaten:

- 200 g Beef Jerky, in dünne Streifen geschnitten
- 200 g Gouda, in kleine Würfel geschnitten
- 2 rote Paprika, entkernt und in Streifen geschnitten
- 2 kleine Zucchini, in Scheiben geschnitten
- 100 g frische Champignons, in Scheiben geschnitten
- 4 EL natives Olivenöl extra
- Salz und Pfeffer nach Geschmack
- 1 TL Paprikapulver, edelsüß
- Frische Kräuter (Petersilie, Thymian), gehackt
- 4 EL Balsamico-Creme

Zubereitung:

1. Streue etwas Salz, Pfeffer und Paprikapulver über die Beef Jerky Streifen und die Gemüsestreifen der Paprika und Zucchini sowie die Champignonscheiben.

2. Verteile die gewürzten Jerky Streifen, Gouda-Würfel, Paprika, Zucchini und Champignons auf die Raclette-Pfännchen.

3. Träufle jeweils 1 EL Olivenöl über den Inhalt jedes Pfännchens.

4. Lasse die Pfännchen im Raclette Grill für etwa 4-6 Minuten garen, bis der Käse schmilzt und das Gemüse leicht gebräunt ist.

5. Garniere das fertige Raclette mit frischen Kräutern und träufle zum Schluss die Balsamico-Creme darüber. Guten Appetit.

Hirschmedaillons mit Preiselbeersauce

Zubereitungszeit: 30 Minuten
Portionen: 4

Zutaten:

- 4 Hirschmedaillons (à ca. 150 g, leicht geklopft)
- Salz und Pfeffer
- 2 EL natives Olivenöl extra
- 100 g Preiselbeeren, frisch
- 2 Schalotten, fein gewürfelt
- 200 ml Rotwein
- 1 TL Speisestärke
- 2 EL kaltes Wasser
- 4 Zweige frischer Thymian
- 1 TL Honig
- 150 g Bergkäse, in dünne Scheiben geschnitten
- 1 Baguette, in Scheiben geschnitten

Zubereitung:

1. Salze und pfeffere die Hirschmedaillons. Gib in jedes Pfännchen etwas Olivenöl und lege ein Medaillon hinein.

2. Stelle die Pfännchen unter den Raclette Grill und lasse die Medaillons je nach Dicke und gewünschter Garstufe etwa 6-8 Minuten garen. Drehe sie einmal um, damit sie gleichmäßig bräunen.

3. In der Zwischenzeit verteile die Schalottenwürfel und die Preiselbeeren auf weitere Pfännchen. Beträufle sie mit etwas Rotwein und lege je einen Zweig Thymian dazu. Lasse die Mischung unter dem Grill für ca. 10 Minuten schmoren.

4. Nimm dann die Pfännchen mit den Schalotten und Preiselbeeren kurz heraus, entferne die Thymianzweige und rühre die Speisestärke, die zuvor mit 2 EL kaltem Wasser angerührt wurde, unter. Füge den Honig hinzu und schmecke die Sauce ab. Stelle die Pfännchen zurück unter den Grill, damit die Sauce eindickt.

5. Wenn die Medaillons fertig sind, nimm die Fleischpfännchen heraus und halte sie warm. Verteile auf den Baguettescheiben den Bergkäse und grille sie unter dem Raclette Grill, bis der Käse geschmolzen ist.

6. Lege nun auf jeden Teller ein Hirschmedaillon, gib etwas von der Preiselbeersauce darüber und serviere mit dem überbackenen Baguette. Guten Appetit.

Chicken Wings

Zubereitungszeit: 25 Minuten
Portionen: 4

Zutaten:

- 12 Hähnchenflügel (Chicken Wings), halbiert
- 4 EL natives Olivenöl extra
- 2 TL Paprikapulver, edelsüß
- 1 TL Chilipulver
- 1 TL Knoblauchpulver
- 1 TL Zwiebelpulver
- 1 TL Salz
- 1 TL weißer Pfeffer, frisch gemahlen
- 100 g geriebener Käse (z.B. Gouda)
- 1 rote Paprika, in kleine Würfel geschnitten
- 4 Frühlingszwiebeln, in feine Ringe geschnitten
- 50 ml BBQ-Sauce
- 50 ml Honig
- 1 TL Senf

Zubereitung:

1. In einer Schüssel Olivenöl, Paprikapulver, Chilipulver, Knoblauchpulver, Zwiebelpulver, Salz und Pfeffer vermischen. Die Chicken Wings darin wenden, bis sie gleichmäßig mit der Marinade bedeckt sind.

2. Lege die marinierten Chicken Wings in die Raclette-Pfännchen. Streue den geriebenen Käse darüber und verteile die Paprikawürfel sowie die Frühlingszwiebelringe darauf.

3. In einer kleinen Schüssel BBQ-Sauce, Honig und Senf zu einer Sauce verrühren. Gib je einen Teelöffel der Sauce über die Chicken Wings.

4. Stelle die Pfännchen in den Raclette Grill und lasse die Chicken Wings etwa 15 Minuten garen, bis sie knusprig sind und der Käse geschmolzen ist.

5. Sobald die Wings fertig sind, kannst du sie heiß genießen. Guten Appetit.

Fisch & Meeresfrüchte

Lachsfiletwürfel mit Dill-Senf-Haube

Zubereitungszeit: 20 Minuten
Portionen: 4

Zutaten:

- 400 g Lachsfilet, in Würfel geschnitten
- 2 EL frischer Dill, fein gehackt
- 2 EL Senf, mittelscharf
- 4 EL Paniermehl
- 4 EL natives Olivenöl extra
- Salz und Pfeffer nach Geschmack
- 1 Bio-Zitrone, in Spalten geschnitten
- 100 g Crème fraîche

Zubereitung:

1. Heize deinen Raclette Grill vor.

2. Würze die Lachsfiletwürfel mit Salz und Pfeffer und träufle 2 EL Olivenöl darüber. Verteile sie gleichmäßig auf die Raclette-Pfännchen.

3. In einer kleinen Schüssel vermische den Senf, den gehackten Dill, das Paniermehl und die Crème fraîche zu einer geschmeidigen Paste.

4. Verteile diese Dill-Senf-Haube sorgfältig auf den gewürzten Lachsfiletwürfeln.

5. Stelle die Pfännchen unter den Raclette-Grill und lasse den Lachs garen, bis die Oberfläche goldbraun und knusprig ist, was etwa 8-10 Minuten dauern sollte.

6. Sobald der Lachs gar und die Haube knusprig ist, serviere jedes Pfännchen mit Zitronenspalten zum Beträufeln. Guten Appetit.

Garnelen mit Knoblauch und Limette

Zubereitungszeit: 15 Minuten
Portionen: 4

Zutaten:

- 400 g Garnelen, geschält und entdarmt
- 2 Knoblauchzehen, fein gehackt
- 1 Bio-Limette, in Scheiben geschnitten
- 2-3 EL natives Olivenöl extra
- 1 rote Chili, entkernt und fein geschnitten
- 2 EL frischer Koriander, gehackt
- Salz und Pfeffer nach Geschmack
- 4 TL Butter
- 50 ml Weißwein

Zubereitung:

1. Verteile die Garnelen gleichmäßig auf die Raclette-Pfännchen.

2. Gib auf jede Portion Garnelen etwas von dem gehackten Knoblauch und der fein geschnittenen Chili.

3. Drücke über jedem Pfännchen eine Limettenscheibe aus und lege sie anschließend dazu.

4. Träufle auf jede Portion 1/2 EL Olivenöl und gib einen TL Butter hinzu.

5. Würze die Garnelen mit Salz und Pfeffer nach deinem Geschmack.

6. Streue den gehackten Koriander über die Garnelen.

7. Gieße in jedes Pfännchen ein wenig Weißwein.

8. Stelle die Pfännchen in deinen Raclette Grill und lasse die Garnelen ca. 3-5 Minuten garen, bis sie rosa und durchgegart sind. Guten Appetit.

Thunfischsteak mit Sesamkruste

Zubereitungszeit: ca. 20 Minuten
Portionen: 4

Zutaten:

- 4 Thunfischsteaks (à ca. 150 g, in Würfel geschnitten)
- 4 EL Sojasauce
- 2 EL Sesamöl
- 2 EL Honig
- 100 g Sesamsamen
- 2 Frühlingszwiebeln, in feine Ringe geschnitten
- Salz und schwarzer Pfeffer nach Geschmack
- 1 EL Bio-Zitronensaft
- 1 EL frischer Ingwer, gerieben
- 1 Knoblauchzehe, gepresst
- 2 EL natives Olivenöl extra

Zubereitung:

1. Vermische in einer Schüssel die Sojasauce, das Sesamöl, den Honig, den Zitronensaft, den geriebenen Ingwer und den gepressten Knoblauch zu einer Marinade. Schmecke die Marinade mit Salz und Pfeffer ab.

2. Lege die Thunfischwürfel in die Marinade und stelle sicher, dass alle Stücke gut bedeckt sind. Lasse den Fisch für etwa 10 Minuten im Kühlschrank ziehen.

3. In der Zwischenzeit heize den Raclette Grill vor. Verteile die Sesamsamen auf einem flachen Teller.

4. Nimm die Thunfischwürfel aus der Marinade und wende sie in den Sesamsamen, sodass alle Seiten bedeckt sind.

5. Gib etwas Olivenöl in jedes Pfännchen und verteile die Thunfischwürfel darauf.

6. Setze die Pfännchen unter den Raclette Grill und lasse die Thunfischwürfel von jeder Seite ca. 2-3 Minuten garen, bis die Sesamkruste goldbraun ist.

7. Nimm die Pfännchen vom Grill und garniere sie mit den Frühlingszwiebelringen. Guten Appetit.

Zanderfilet mit Kräuterkruste

Zubereitungszeit: 15 Minuten
Portionen: 4

Zutaten:

- 4 Zanderfilets à 150 g, gehäutet
- 100 g Paniermehl
- 50 g weiche Butter
- 2 EL Petersilie, fein gehackt
- 1 EL Dill, fein gehackt
- 2 EL Parmesan, frisch gerieben
- 1 TL Bio-Zitronenabrieb
- Salz und frisch gemahlener Pfeffer
- 1 TL Knoblauch, fein gehackt
- 4 TL natives Olivenöl extra

Zubereitung:

1. Heize deinen Raclette-Grill vor.

2. Würze die Zanderfilets mit Salz und Pfeffer und träufle je 1 TL Olivenöl über jedes Filet. Verteile die Filets auf die Raclette-Pfännchen.

3. In einer Schüssel vermische das Paniermehl, die weiche Butter, den gehackten Knoblauch, Petersilie, Dill, Parmesan und den Zitronenabrieb. Würze die Mischung mit einer Prise Salz und Pfeffer.

4. Verteile die Kräutermischung gleichmäßig auf den Zanderfilets.

5. Setze die Pfännchen unter den Raclette-Grill, bis die Kruste goldbraun und knusprig ist. Dies dauert etwa 4-6 Minuten, je nach Hitze deines Grills.

6. Sobald die Kruste die gewünschte Bräune erreicht hat, nimm die Pfännchen vom Grill und serviere die Zanderfilets direkt aus den Pfännchen. Guten Appetit.

Forellenfilet mit Mandelblättchen

Zubereitungszeit: 20 Minuten
Portionen: 4

Zutaten:

- 4 Forellenfilets, à 150 g, gehäutet
- 80 g Mandelblättchen
- 2 EL natives Olivenöl extra
- Salz und weißer Pfeffer nach
  Geschmack
- 4 TL Honig
- 1 Bund frischer Dill, fein gehackt
- 4 TL Bio-Zitronensaft
- 1 rote Paprika, in dünne
  Streifen geschnitten
- 100 g Ziegenkäse, in kleine
  Würfel geschnitten
- Frische Petersilie, gehackt

Zubereitung:

1. Bestreiche jedes Forellenfilet mit einem halben EL Olivenöl, würze sie mit Salz und Pfeffer und beträufle sie mit 1 TL Zitronensaft.

2. Verteile die Mandelblättchen gleichmäßig auf den Forellenfilets und drücke sie leicht an, damit sie haften bleiben.

3. Lege nun die Forellenfilets in je ein Raclette-Pfännchen.

4. Verteile die roten Paprikastreifen und die Ziegenkäsewürfel um die Filets herum.

5. Träufle jeweils 1 TL Honig über jedes Filet.

6. Bestreue die Filets mit dem gehackten Dill.

7. Setze die Pfännchen unter den Raclette-Grill und lasse die Forellenfilets für etwa 8-10 Minuten garen, bis die Mandeln goldbraun und die Filets durchgegart sind.

8. Nimm die Pfännchen heraus und garniere jedes Filet mit Petersilie. Guten Appetit.

Muscheln im Weißweinsud

Zubereitungszeit: 20 Minuten
Portionen: 4

Zutaten:

- 1 kg Muscheln, gereinigt und geprüft (offene und beschädigte Muscheln entfernen)
- 200 ml trockener Weißwein
- 2 mittelgroße Schalotten, fein gewürfelt
- 4 EL frische Petersilie, gehackt
- 2 Knoblauchzehen, fein geschnitten
- 100 ml Sahne
- 1 Bio-Zitrone, in Spalten geschnitten
- Salz und frisch gemahlener Pfeffer
- 4 TL natives Olivenöl extra
- Brot zum Servieren, in Stücke geschnitten

Zubereitung:

1. Schalte deinen Raclette Grill ein und lass ihn heiß werden.

2. Verteile die gewürfelten Schalotten und den geschnittenen Knoblauch auf die Raclette-Pfännchen.

3. Gib jeweils 1 TL Olivenöl in jedes Pfännchen und schiebe sie unter den Raclette Grill, bis die Schalotten und der Knoblauch weich sind.

4. Verteile nun die vorbereiteten Muscheln auf die Pfännchen und lösche sie mit je 50 ml Weißwein ab.

5. Lass alles unter dem Raclette Grill für ca. 5-7 Minuten garen, bis die Muscheln sich öffnen.

6. Danach verteile die Sahne auf die Pfännchen. Würze mit Salz und Pfeffer.

7. Lass das Ganze nochmals 3-4 Minuten garen, bis die Sahne heiß ist und leicht anfängt zu köcheln.

8. Bestreue die Pfännchen mit der Petersilie und serviere sie direkt mit einem Stück Brot und einer Zitronenspalte zum Beträufeln. Guten Appetit.

Kabeljau mit Chorizokruste

Zubereitungszeit: 15 Minuten
Portionen: 4

Zutaten:

- 4 Kabeljaufilets (à ca. 150 g), ohne Haut
- 120 g Chorizo, fein gewürfelt
- 2 EL natives Olivenöl extra
- 4 TL Senf, mittelscharf
- 50 g Paniermehl
- 50 g Parmesan, frisch gerieben
- 2 Zweige frischer Thymian, Blättchen abgezupft und fein gehackt
- 1 rote Paprika, in kleine Würfel geschnitten
- Salz und Pfeffer nach Geschmack
- Einige Bio-Zitronenspalten

Zubereitung:

1. Nimm die Kabeljaufilets und würze sie mit Salz und Pfeffer. Bestreiche jedes Filet auf einer Seite mit einem TL Senf.

2. Mische in einer kleinen Schüssel das Paniermehl, den Parmesan und die Thymianblättchen. Gib die Chorizo-Würfel dazu und vermische alles gut, sodass eine krümelige Mischung entsteht.

3. Verteile die Paprikawürfel gleichmäßig auf die Raclette-Pfännchen. Lege darauf jeweils ein Kabeljaufilet mit der Senfseite nach oben.

4. Streue nun die Chorizo-Paniermischung großzügig über die Kabeljaufilets, sodass die Senfschicht komplett bedeckt ist.

5. Träufle über jedes Pfännchen ein wenig Olivenöl, um die Kruste während des Grillens knusprig zu machen.

6. Setze die Pfännchen unter den Raclette-Grill und lasse den Fisch etwa 6-8 Minuten garen, bis die Chorizokruste goldbraun und knusprig ist.

7. Serviere die Kabeljaufilets direkt aus den Pfännchen und gib nach Belieben eine Zitronenspalte dazu. Guten Appetit.

Jakobsmuscheln im Speckmantel

Zubereitungszeit: 15 Minuten
Portionen: 4

Zutaten:

- 12 Jakobsmuscheln, ausgelöst
- 12 dünne Scheiben Bacon
- 2 EL natives Olivenöl extra
- Frisch gemahlener weißer Pfeffer
- 4 TL gehackte Petersilie
- 1 mittelgroße Bio-Zitrone, in 8 Spalten geschnitten
- 100 g Cherrytomaten, halbiert
- 100 g Zuckerschoten, halbiert
- 4 TL Butter
- Salz

Zubereitung:

1. Heize deinen Raclette Grill vor.
2. Würze die Jakobsmuscheln mit Pfeffer. Umwickle jede Muschel mit einer Scheibe Bacon und sichere sie gegebenenfalls mit einem Zahnstocher.
3. Bepinsle die Pfännchen mit etwas Olivenöl. Lege jeweils drei umwickelte Jakobsmuscheln in jedes Pfännchen.
4. Verteile die Zuckerschoten und Cherrytomaten neben den Jakobsmuscheln.
5. Gib auf jede Muschel ein wenig Butter und streue die gehackte Petersilie darüber.
6. Stelle die Pfännchen unter den Grill und lasse alles etwa 6-8 Minuten garen, bis der Bacon knusprig ist.
7. Serviere die Jakobsmuscheln mit Zitronenspalten zum Beträufeln. Guten Appetit.

Sardinenfilets mit Tomaten-Oliven-Salsa

Zubereitungszeit: 20 Minuten
Portionen: 4

Zutaten:

- 8 Sardinenfilets, entgrätet
- 4 reife Tomaten, gewürfelt
- 1 kleine rote Zwiebel, fein gehackt
- 100 g schwarze Oliven, entsteint und gehackt
- 2 EL natives Olivenöl extra
- 1 EL frischer Bio-Zitronensaft
- 1 Bund frischer Koriander, gehackt
- Salz und weißer Pfeffer nach Geschmack
- 1 TL getrockneter Oregano
- 100 g Feta, zerkrümelt
- 4 TL Kapern, gehackt

Zubereitung:

1. Vermische in einer Schüssel die gewürfelten Tomaten, die gehackte rote Zwiebel, die schwarzen Oliven, den Zitronensaft, den gehackten Koriander, Salz, Pfeffer und den getrockneten Oregano, um die Salsa herzustellen.

2. Lege die Sardinenfilets auf ein Pfännchen und beträufle sie leicht mit Olivenöl. Würze sie mit Salz und Pfeffer.

3. Streue den zerkrümelten Feta und die gehackten Kapern über die Sardinenfilets.

4. Setze die Pfännchen unter den heißen Raclette Grill und lasse die Sardinenfilets 4 bis 6 Minuten garen, bis der Feta leicht schmilzt und die Sardinen durchgegart sind.

5. Nimm die Pfännchen vom Grill und gib jeweils einen Esslöffel der Salsa über die heißen Sardinenfilets. Guten Appetit.

Seezungenröllchen mit Kapernbutter

Zubereitungszeit: 20 Minuten
Portionen: 4

Zutaten:

- 4 Seezungenfilets, jeweils in zwei Streifen geschnitten
- 2 EL Kapern, fein gehackt
- 100 g weiche Butter
- 1 Bund frischer Dill, fein gehackt
- 1 Bio-Zitrone, Zesten gerieben und Saft ausgepresst
- 1 rote Paprika, in dünne Streifen geschnitten
- Salz und frisch gemahlener Pfeffer
- 8 dünne Scheiben Räucherspeck

Zubereitung:

1. Seezungenstreifen salzen und pfeffern. Auf jedes Stück eine Scheibe Räucherspeck legen und fest aufrollen. Die Röllchen mit Zahnstochern fixieren.

2. In einer kleinen Schüssel die weiche Butter mit den Kapern, dem Dill, Zitronenzesten und 1 TL Zitronensaft vermischen. Mit Salz und Pfeffer abschmecken.

3. Die Paprikastreifen auf die Pfännchen verteilen und jeweils ein Seezungenröllchen daraufsetzen.

4. Jeweils einen TL der Kapernbutter auf die Röllchen geben.

5. Die Pfännchen unter dem heißen Raclette-Grill schieben, bis der Speck knusprig und die Seezunge gar ist, etwa 6-8 Minuten.

6. Nach Belieben mit Dill garnieren und servieren. Guten Appetit.

Seeteufelwürfel mit Paprika

Zubereitungszeit: 20 Minuten
Portionen: 4

Zutaten:

- 600 g Seeteufel, in Würfel geschnitten
- 2 rote Paprika, entkernt und in kleine Stücke geschnitten
- 2 gelbe Paprika, entkernt und in kleine Stücke geschnitten
- 8 kleine Frühlingszwiebeln, in feine Ringe geschnitten
- 100 g Chorizo, in dünne Scheiben geschnitten
- 4 EL natives Olivenöl extra
- 2 TL Paprikapulver, edelsüß
- 1 TL Meersalz
- 1 TL schwarzer Pfeffer, frisch gemahlen
- Frische Petersilie, gehackt
- 1 Bio-Zitrone, in Spalten geschnitten

Zubereitung:

1. Nimm zuerst die Seeteufelwürfel und würze sie in einer Schüssel mit 2 EL Olivenöl, Paprikapulver, Salz und Pfeffer.

2. Verteile die gewürzten Fischwürfel zusammen mit den Paprikastücken und Chorizo-Scheiben auf die Raclette-Pfännchen.

3. Träufle die restlichen 2 EL Olivenöl über die Zutaten und streue die Frühlingszwiebeln darüber.

4. Heize den Raclette Grill vor und setze dann die Pfännchen unter den Grill. Lasse alles für etwa 8-10 Minuten garen, bis der Fisch gar und leicht gebräunt ist.

5. Garniere alles mit frischer Petersilie und serviere die Pfännchen mit Zitronenspalten zum Beträufeln. Guten Appetit.

Aalstreifen in Dillsauce

Zubereitungszeit: 30 Minuten
Portionen: 4

Zutaten:

- 400 g Aalfilet, in Streifen geschnitten
- 4 EL frischer Dill, gehackt
- 200 ml Sahne
- 2 EL Senf
- 1 kleine Zwiebel, fein gewürfelt
- 100 ml Weißwein
- 2 EL Bio-Zitronensaft
- 50 g Butter
- Salz und Pfeffer
- 4 TL Mehl
- 4 EL Gouda, gerieben
- 2 EL Schnittlauch, fein geschnitten

Zubereitung:

1. Gib in jedes Pfännchen ein paar Aalstreifen. Bestreue sie leicht mit Salz und Pfeffer.

2. In einer kleinen Schüssel verrührst du den Senf, Zitronensaft und den gehackten Dill. Verteile diese Mischung gleichmäßig über die Aalstreifen.

3. Streue nun je 1 TL Mehl über die Aalstreifen, um später eine Bindung für die Sauce zu haben.

4. Verteile die Zwiebelwürfel auf die Pfännchen und setze je einen kleinen Würfel Butter darauf.

5. Übergieße jedes Pfännchen mit einem Schuss Weißwein und 50 ml Sahne.

6. Streue zum Schluss den geriebenen Gouda und den Schnittlauch über die Aalstreifen.

7. Setze die Pfännchen unter den Raclette Grills und lasse alles ca. 15 Minuten garen, bis der Aal durchgegart und die Sauce eingedickt ist. Guten Appetit.

Garnelen mit Kräuterbutter

Zubereitungszeit: 15 Minuten
Portionen: 4

Zutaten:

- 400 g Garnelen, geschält und entdarmt
- 100 g weiche Butter
- 2 EL frische Petersilie, fein gehackt
- 1 EL frischer Dill, fein gehackt
- 1 TL frischer Thymian, Blättchen abgezupft
- 1 Knoblauchzehe, fein gewürfelt
- 1 Schalotte, fein gewürfelt
- 2 EL Bio-Zitronensaft
- Salz und Pfeffer nach Geschmack
- 100 g Parmesan, frisch gerieben
- 4 TL natives Olivenöl extra

Zubereitung:

1. In einer kleinen Schüssel vermischst du die Butter mit Petersilie, Dill, Thymian, Knoblauch, Schalotte und Zitronensaft. Diese Kräuterbutter würzt du mit Salz und Pfeffer.

2. Jedes Pfännchen bestreichst du dünn mit etwas Olivenöl. Dann verteilst du die Garnelen darauf.

3. Auf die Garnelen gibst du großzügig etwas von der Kräuterbuttermischung, sodass alle Garnelen gut bedeckt sind.

4. Jetzt streust du über jede Portion etwas frisch geriebenen Parmesan.

5. Das Pfännchen unter den Raclette-Grill schieben und warten, bis die Garnelen gar und leicht gebräunt sind und der Käse geschmolzen ist. Das dauert in der Regel 3-5 Minuten, je nach Raclette-Grill.

6. Die fertigen Garnelenpfännchen vorsichtig herausnehmen und servieren. Guten Appetit.

Makrelenstücke in Senfmarinade

Zubereitungszeit: 20 Minuten
Portionen: 4

Zutaten:

- 4 frische Makrelenfilets, in Stücke geschnitten
- 4 EL Dijon-Senf
- 2 EL Honig
- 2 EL natives Olivenöl extra
- 1 EL Weißweinessig
- 1 kleine Zwiebel, fein gewürfelt
- 1 TL getrockneter Dill
- 1 TL Paprikapulver, edelsüß
- Salz und Pfeffer nach Geschmack
- 2 EL frische Petersilie, gehackt
- 1 Bio-Zitrone in Spalten geschnitten

Zubereitung:

1. Vermische in einer Schüssel den Dijon-Senf, Honig, Olivenöl und Weißweinessig zu einer glatten Marinade.

2. Füge die Zwiebelwürfel, den Dill und das Paprikapulver hinzu. Schmecke die Marinade mit Salz und Pfeffer ab.

3. Lege die Makrelenstücke in die Marinade und stelle sicher, dass alle Stücke gleichmäßig bedeckt sind. Lass die Makrelen für 10 Minuten in der Marinade ziehen.

4. Heize deinen Raclette Grill vor und öle die Pfännchen leicht ein.

5. Verteile die marinierten Makrelenstücke gleichmäßig auf die Pfännchen und stelle diese unter den Raclette Grill.

6. Grill die Makrelenstücke für ca. 6-8 Minuten, bis sie durchgegart sind und eine leichte Bräune aufweisen.

7. Bestreue die fertigen Makrelenstücke mit Petersilie und serviere sie mit Zitronenspalten. Guten Appetit.

Forellenfilet mit Meerrettichcreme

Zubereitungszeit: 15 Minuten
Portionen: 4

Zutaten:

- 4 Forellenfilets, je etwa 150 g, Haut entfernt
- 1 EL natives Olivenöl extra
- Salz und Pfeffer nach Geschmack
- 4 EL Meerrettich, frisch gerieben
- 200 g Crème fraîche
- 1 EL Dill, fein gehackt
- 1 kleine Bio-Zitrone, in Scheiben geschnitten
- 100 g Rucola, grob gehackt
- 1 rote Zwiebel, in feine Ringe geschnitten
- 2 EL Kapern, abgetropft und fein gehackt
- 4 TL Butter

Zubereitung:

1. Forellenfilets trocken tupfen und mit Salz und Pfeffer würzen. Jedes Filet auf ein Raclette-Pfännchen legen und mit Olivenöl beträufeln.

2. In einer kleinen Schüssel Meerrettich mit Crème fraîche verrühren. Dill untermischen und die Meerrettichcreme mit Salz abschmecken.

3. Auf jedes Pfännchen ein paar Zwiebelringe und Kapern geben. Eine Zitronen scheibe darauflegen und jeweils einen TL Butter daraufsetzen.

4. Die Pfännchen unter den heißen Raclette-Grill schieben und die Forellenfilets etwa 6-8 Minuten garen, bis sie durchgegart sind.

5. Nach dem Garen die Pfännchen herausnehmen und auf jedes etwas Rucola verteilen. Zum Schluss je einen großzügigen Klecks der Meerrettichcreme darauf geben. Guten Appetit.

Vegetarisch

Gemüse-Tofu-Spieße mit Teriyaki-Glasur

Zubereitungszeit: 20 Minuten
Portionen: 4

Zutaten:

- 200 g Tofu, in Würfel geschnitten
- 1 rote Paprika, in Stücke geschnitten
- 1 gelbe Paprika, in Stücke geschnitten
- 1 Zucchini, in Scheiben geschnitten
- 8 kleine frische Champignons, halbiert
- 2 EL natives Olivenöl extra
- Salz und Pfeffer nach Geschmack
- 4 EL Teriyaki-Sauce
- 1 TL Sesamsamen
- 1 EL frischer Koriander, gehackt
- 1 EL Sojasauce
- 1 Knoblauchzehe, fein gehackt
- 1/2 TL Ingwer, frisch gerieben

Zubereitung:

1. In einer kleinen Schüssel Olivenöl, Teriyaki-Sauce, Sojasauce, Knoblauch und Ingwer vermischen, um eine Marinade herzustellen. Tofuwürfel in die Marinade geben und mindestens 10 Minuten marinieren lassen.

2. In der Zwischenzeit Paprika, Zucchini und Champignons vorbereiten und bereithalten.

3. Nach der Marinierzeit den marinierten Tofu abwechselnd mit den Gemüsestücken auf Spieße stecken. Stelle sicher, dass du eine bunte Mischung auf jedem Spieß hast.

4. Heize deinen Raclette-Grill vor und lege die Gemüse-Spieße auf den Grillaufsatz oder in die Raclette-Pfännchen. Grill die Spieße, bis das Gemüse weich und der Tofu goldbraun ist. Dies dauert etwa 6-8 Minuten. Wende die Spieße gelegentlich, um eine gleichmäßige Garung zu erzielen.

5. Sobald die Spieße fertig sind, lege sie auf einen Teller. Bestreue sie mit Sesamsamen und Koriander. Guten Appetit.

Zucchini-Röllchen mit Frischkäsefüllung

Zubereitungszeit: 20 Minuten
Portionen: 4

Zutaten:

- 2 mittelgroße Zucchini, in dünne Längsstreifen geschnitten
- 200 g Frischkäse
- 50 g getrocknete Tomaten, fein gehackt
- 2 EL frische Basilikumblätter, fein gehackt
- Salz und Pfeffer nach Geschmack
- 1 TL getrockneter Oregano
- 50 g geriebener Mozzarella
- Etwas natives Olivenöl extra

Zubereitung:

1. In einer Schüssel vermengst du Frischkäse, getrocknete Tomaten, Basilikum, Salz, Pfeffer und Oregano zu einer homogenen Masse.

2. Bestreiche die Zucchinistreifen leicht mit Olivenöl und würze sie mit etwas Salz und Pfeffer.

3. Gib auf das Ende jedes Zucchinistreifens einen Teelöffel der Frischkäsemischung und rolle den Streifen vorsichtig auf.

4. Lege die Zucchini-Röllchen nebeneinander in mehrere Raclette-Pfännchen. Jedes Pfännchen sollte 3-4 Röllchen enthalten, abhängig von ihrer Größe.

5. Bestreue jedes Pfännchen mit einer Prise geriebenem Mozzarella.

6. Grille die Zucchini-Röllchen unter dem Raclette-Grill, bis der Käse geschmolzen und die Zucchini weich, aber noch bissfest ist. Dies dauert etwa 5-7 Minuten.

7. Serviere die Röllchen direkt aus den Pfännchen. Guten Appetit.

Mediterrane Polentaschnitten

Zubereitungszeit: 20 Minuten
Portionen: 4

Zutaten:

- 200 g Polenta
- 800 ml Gemüsebrühe
- 2 EL natives Olivenöl extra
- 1 rote Paprika, in kleine Würfel geschnitten
- 1 Zucchini, in dünne Scheiben geschnitten
- 2 Tomaten, in Scheiben geschnitten
- 100 g Feta, zerbröselt
- 1 TL getrockneter Oregano
- Salz und Pfeffer nach Geschmack
- Frische Basilikumblätter

Zubereitung:

1. Bringe die Gemüsebrühe in einem Topf zum Kochen. Rühre die Polenta ein und koche sie unter ständigem Rühren gemäß der Packungsanleitung. Wenn sie dickflüssig ist, würze sie mit Salz und Pfeffer.

2. Breite die fertige Polenta auf einem mit Backpapier ausgelegten Backblech aus, sodass sie etwa 1 cm dick ist. Lasse sie abkühlen, bis sie fest wird.

3. Schneide die erstarrte Polenta in rechteckige Schnitten.

4. Heize den Raclette Grill vor. Bestreiche die Polentaschnitten leicht mit Olivenöl und lege sie auf die Grillplatte. Grille sie von beiden Seiten, bis sie leicht knusprig sind.

5. Verteile in der Zwischenzeit die Zucchinischeiben, Paprikawürfel und Tomatenscheiben auf die Raclette-Pfännchen. Bestreue sie mit Oregano, Salz und Pfeffer.

6. Sobald das Gemüse weich ist, lege je eine Polentaschnitte darauf. Bestreue sie mit Feta und lasse den Käse schmelzen.

7. Garniere zum Schluss alles mit Basilikumblättern. Guten Appetit.

Gefüllte Champignons mit Kräuterkruste

Zubereitungszeit: 20 Minuten
Portionen: 4

Zutaten:

- 16 große frische Champignons, Stiele entfernt
- 200 g Frischkäse
- 100 g geriebener Gouda
- 4 EL Semmelbrösel
- 2 EL frisch gehackte Petersilie
- 2 EL frisch gehackte Schnittlauch
- 1 kleine rote Zwiebel, fein gewürfelt
- 2 Knoblauchzehen, fein gehackt
- Salz und Pfeffer
- Etwas natives Olivenöl extra

Zubereitung:

1. Putze die Champignons vorsichtig und entferne die Stiele. Hacke die Stiele fein und stelle sie beiseite.

2. In einer kleinen Schüssel vermische Frischkäse, Gouda, Semmelbrösel, Petersilie, Schnittlauch, gehackte Champignonstiele, Zwiebelwürfel und Knoblauch. Würze die Mischung mit Salz und Pfeffer.

3. Fülle die Champignonköpfe mit der Frischkäsemischung. Achte darauf, dass sie gut gefüllt sind.

4. Beträufle die gefüllten Champignons leicht mit Olivenöl.

5. Lege die gefüllten Champignons in die Raclette-Pfännchen. Lasse sie unter dem Raclette Grill etwa 10-15 Minuten garen, bis sie goldbraun sind und der Käse geschmolzen ist.

6. Serviere die Champignons direkt aus den Pfännchen. Guten Appetit.

Kürbiswürfel mit Ziegenkäse überbacken

Zubereitungszeit: 20 Minuten
Portionen: 4

Zutaten:

- 400 g Hokkaido-Kürbis, in kleine Würfel geschnitten
- 200 g Ziegenkäse, zerbröselt
- 2 EL natives Olivenöl extra
- 1 TL getrockneter Thymian
- Salz und Pfeffer nach Geschmack
- 1 rote Zwiebel, in dünne Ringe geschnitten
- 4 TL Honig
- 4 TL gehackte Walnüsse
- Frische Petersilie, fein gehackt

Zubereitung:

1. Heize deinen Raclette Grill vor. Währenddessen gib die Kürbiswürfel in eine Schüssel, beträufle sie mit Olivenöl, Thymian, Salz und Pfeffer und mische alles gut durch.

2. Verteile die Kürbiswürfel auf die Raclette-Pfännchen. Leg die Zwiebelringe darauf und lasse sie etwa 10 Minuten unter dem Grill garen, bis der Kürbis weich ist.

3. Nimm die Pfännchen kurz heraus und streue den zerbröselten Ziegenkäse über den Kürbis. Gib dann jeweils 1 TL Honig und 1 TL gehackte Walnüsse dazu.

4. Setze die Pfännchen wieder unter den Grill und lass den Käse schmelzen, bis er leicht goldbraun ist. Das dauert etwa 5-7 Minuten.

5. Nimm die fertigen Pfännchen heraus und garniere sie mit Petersilie. Guten Appetit.

Kartoffelrösti mit Apfelkompott

Zubereitungszeit: 30 Minuten
Portionen: 4

Zutaten:

- 500 g Kartoffeln, grob geraspelt
- 2 Äpfel, in kleine Würfel geschnitten
- 1 Zwiebel, fein gehackt
- 100 g geriebener Emmentaler
- 2 EL Mehl
- 1 TL Salz
- 1/2 TL weißer Pfeffer
- 1 TL Zimt
- 4 EL brauner Zucker
- 200 ml Apfelsaft
- 2 EL Butter

Zubereitung:

1. In einer Schüssel die geraspelten Kartoffeln, gehackte Zwiebel, Mehl, Salz und Pfeffer gut vermischen.

2. In einem separaten Topf die Äpfel, Zimt, Zucker und Apfelsaft bei mittlerer Hitze köcheln, bis die Äpfel weich sind und eine kompottartige Konsistenz entsteht.

3. Butter in einer Pfanne schmelzen und die Kartoffelmischung portionsweise in die Pfännchen des Raclette Grills geben. Die Kartoffelmischung leicht andrücken und ca. 10 Minuten pro Seite goldbraun braten.

4. Nachdem die Röstis auf einer Seite gebräunt sind, wenden und auf die gebräunte Seite etwas geriebenen Emmentaler streuen. Weiter braten, bis auch die andere Seite goldbraun ist und der Käse geschmolzen ist.

5. Die fertigen Röstis auf Teller verteilen und mit dem warmen Apfelkompott servieren. Guten Appetit.

Bunte Paprika-Tapas mit Manchego

Zubereitungszeit: 20 Minuten
Portionen: 4

Zutaten:

- 2 rote Paprikaschoten, in Streifen geschnitten
- 2 grüne Paprikaschoten, in Streifen geschnitten
- 2 gelbe Paprikaschoten, in Streifen geschnitten
- 200 g Manchego-Käse, in dünne Scheiben geschnitten
- 2 EL natives Olivenöl extra
- 1 TL getrockneter Oregano
- 1 TL Paprikapulver, edelsüß
- 1/2 TL Salz
- 1/4 TL frisch gemahlener schwarzer Pfeffer
- Einige frische Basilikumblätter

Zubereitung:

1. Heize den Raclette Grill vor. Verteile die Paprikastreifen auf die Pfännchen. Gib auf jedes Pfännchen ein wenig Olivenöl.

2. Bestreue die Paprikastreifen mit Oregano, Paprikapulver, Salz und Pfeffer. Lass die Paprika für ca. 5-7 Minuten unter dem Raclette Grill garen, bis sie weich sind.

3. Lege ein paar Scheiben Manchego-Käse auf die gegrillten Paprikastreifen. Lasse den Käse schmelzen, bis er leicht goldbraun wird.

4. Garniere die fertigen Tapas mit Basilikumblättern. Serviere sie direkt aus den Pfännchen. Guten Appetit.

Auberginen-Scheiben mit Tomatenpesto

Zubereitungszeit: 20 Minuten
Portionen: 4

Zutaten:

- 2 mittelgroße Auberginen, in 0,5 cm dicke Scheiben geschnitten
- 150 g Kirschtomaten, halbiert
- 1 Bund frisches Basilikum, Blätter gezupft
- 2 Knoblauchzehen, fein gehackt
- 50 g Pinienkerne, geröstet
- 50 g Parmesan, frisch gerieben
- 100 ml natives Olivenöl extra
- Salz und Pfeffer nach Geschmack
- 1 TL getrockneter Oregano
- 1 TL rote Paprikaflocken
- 50 ml Balsamico-Essig

Zubereitung:

1. Auberginenscheiben auf die Pfännchen verteilen und mit etwas Olivenöl beträufeln. Mit Salz, Pfeffer und Oregano würzen.

2. Die Pfännchen unter den Raclette Grill schieben und die Auberginen etwa 5-7 Minuten garen, bis sie weich sind.

3. Währenddessen in einem Mixer die Kirschtomaten, Basilikum, Knoblauch, Pinienkerne, Parmesan, restliches Olivenöl, Balsamico-Essig, Salz und Paprikaflocken zu einem groben Pesto verarbeiten.

4. Das fertige Pesto auf den gegarten Auberginenscheiben verteilen.

5. Nochmals für 2-3 Minuten unter den Grill schieben, bis das Pesto warm ist.

6. Guten Appetit.

Süßkartoffel mit Feta und Granatapfel

Zubereitungszeit: 20 Minuten
Portionen: 4

Zutaten:

- 2 mittelgroße Süßkartoffeln, in 1 cm dicke Scheiben geschnitten
- 200 g Feta, zerkrümelt
- 1 Granatapfel, entkernt
- 4 EL natives Olivenöl extra
- 2 EL Honig
- 1 TL gemahlener Kreuzkümmel
- 1/2 TL Paprikapulver, edelsüß
- 1/4 TL Salz
- Frischer Koriander, gehackt
- 4 kleine Zweige Rosmarin

Zubereitung:

1. Heize deinen Raclette Grill vor. Mische in einer kleinen Schüssel Olivenöl, Honig, Kreuzkümmel, Paprikapulver und Salz zu einer Marinade.

2. Bestreiche die Süßkartoffelscheiben beidseitig mit der Marinade und lege sie auf die Raclette Pfännchen. Gib je einen Rosmarinzweig dazu.

3. Lasse die Süßkartoffeln etwa 10 Minuten grillen, bis sie weich und leicht gebräunt sind. Wende sie nach 5 Minuten einmal.

4. Wenn die Süßkartoffeln fertig sind, streue den zerkrümelten Feta und die Granatapfelkerne über die heißen Scheiben.

5. Garniere alles mit Koriander. Serviere die Pfännchen direkt vom Grill. Guten Appetit.

Brokkoli-Röschen mit Parmesanhülle

Zubereitungszeit: 20 Minuten
Portionen: 4

Zutaten:

- 400 g Brokkoli, in Röschen geschnitten
- 100 g Parmesan, frisch gerieben
- 2 EL natives Olivenöl extra
- 1 TL Paprikapulver, edelsüß
- 1/2 TL Knoblauchpulver
- Salz und Pfeffer nach Geschmack
- 4 EL Paniermehl
- 1 TL getrockneter Oregano
- 2 Bio-Eier, geschlagen

Zubereitung:

1. Vermische in einer Schüssel den geriebenen Parmesan mit Paniermehl, Paprikapulver, Knoblauchpulver, Oregano, Salz und Pfeffer.

2. Tauche die Brokkoliröschen zuerst in die geschlagenen Eier und wende sie anschließend in der Parmesanmischung, bis sie gut bedeckt sind.

3. Verteile die panierten Brokkoliröschen gleichmäßig auf die Raclette-Pfännchen.

4. Träufle ein wenig Olivenöl über die Brokkoliröschen.

5. Setze die Pfännchen in den Raclette Grill und lasse sie etwa 10 Minuten garen, bis der Brokkoli weich und die Parmesanhülle goldbraun und knusprig ist.

6. Serviere es direkt aus den Pfännchen. Guten Appetit.

Spinat-Pfannkuchen mit Gorgonzolasauce

Zubereitungszeit: 30 Minuten
Portionen: 4

Zutaten:

- 150 g frischer Spinat, gehackt
- 200 g Mehl
- 2 Bio-Eier
- 300 ml Milch
- 1 TL Salz
- 2 EL natives Olivenöl extra
- 100 g Gorgonzola, zerbröckelt
- 200 ml Sahne
- 1 EL Butter
- 1 kleine Zwiebel, fein gewürfelt
- Salz und Pfeffer nach Geschmack

Zubereitung:

1. In einer Schüssel Mehl, Eier, Milch und Salz zu einem glatten Teig verrühren. Den gehackten Spinat hinzufügen und gut unterrühren.

2. Etwas Olivenöl in einem Pfännchen des Raclette Grills erhitzen. Eine kleine Menge des Teigs hineingeben und zu einem dünnen Pfannkuchen ausbreiten. Von beiden Seiten goldbraun backen. Wiederhole diesen Schritt, bis der gesamte Teig verbraucht ist.

3. Für die Sauce die Butter in einem weiteren Pfännchen schmelzen. Die Zwiebelwürfel hinzufügen und glasig dünsten.

4. Gorgonzola und Sahne dazugeben und unter Rühren schmelzen lassen, bis eine cremige Sauce entsteht. Mit Salz und Pfeffer abschmecken.

5. Die fertigen Pfannkuchen mit der Gorgonzolasauce übergießen und servieren. Guten Appetit.

Gegrillter Maiskolben mit Chili-Butter

Zubereitungszeit: 25 Minuten
Portionen: 4

Zutaten:

- 4 Maiskolben, Blätter und Fäden entfernt, in 3-4 cm dicke Scheiben geschnitten
- 100 g weiche Butter
- 1 TL Chiliflocken
- 1 TL Paprikapulver, edelsüß
- 2 TL frischer Bio-Limettensaft
- 1/2 TL Salz
- 1/4 TL schwarzer Pfeffer
- 50 g geriebener Parmesan
- Frische Petersilie, fein gehackt

Zubereitung:

1. In einer kleinen Schüssel Butter, Chiliflocken, Paprikapulver, Limettensaft, Salz und Pfeffer zu einer gleichmäßigen Masse vermischen.

2. Die Maiskolbenscheiben auf die Raclette-Pfännchen verteilen. Jeweils einen Klecks der Chili-Butter auf die Maiskolbenscheiben geben.

3. Die Maiskolbenscheiben im Raclette-Grill etwa 10-15 Minuten garen, bis sie leicht gebräunt und weich sind. Während des Grillens ab und zu wenden und bei Bedarf mehr Chili-Butter hinzufügen.

4. Die gegarten Maiskolbenscheiben mit geriebenem Parmesan bestreuen und mit Petersilie garnieren. Guten Appetit.

Pilz-Tatar mit Kräuterseitlingen

Zubereitungszeit: 15 Minuten
Portionen: 4

Zutaten:

- 300 g Kräuterseitlinge, fein gehackt
- 1 rote Zwiebel, fein gewürfelt
- 2 EL natives Olivenöl extra
- 1 TL Bio-Zitronensaft
- 1/2 Bund Petersilie, fein gehackt
- 1/2 Bund Schnittlauch, in Röllchen geschnitten
- Salz und Pfeffer nach Geschmack
- 1 kleine Knoblauchzehe, fein gehackt
- 50 g Walnüsse, grob gehackt
- 100 g Feta, zerkrümelt

Zubereitung:

1. Verteile die fein gehackten Kräuterseitlinge gleichmäßig auf vier Raclette-Pfännchen.

2. Gib in jedes Pfännchen etwas von den roten Zwiebelwürfeln.

3. Beträufle die Pilz-Zwiebel-Mischung in jedem Pfännchen mit etwas Olivenöl und Zitronensaft.

4. Bestreue die Mischung mit Petersilie, Schnittlauch, Salz, Pfeffer und den gehackten Knoblauch.

5. Streue zum Schluss die gehackten Walnüsse und den zerkrümelten Feta über jedes Pfännchen.

6. Setze die Pfännchen in den Raclette Grill und lasse alles für etwa 5-7 Minuten garen, bis der Feta leicht geschmolzen ist. Guten Appetit.

Rosenkohl mit Maronen und Cranberries

Zubereitungszeit: 25 Minuten
Portionen: 4

Zutaten:

- 400 g Rosenkohl, halbiert
- 200 g Maronen, vorgekocht und gehackt
- 100 g getrocknete Cranberries
- 2 rote Zwiebeln, in feine Ringe geschnitten
- 4 EL natives Olivenöl extra
- Salz und Pfeffer nach Geschmack
- 1 TL getrockneter Thymian
- 100 g Feta, zerkrümelt

Zubereitung:

1. Heize den Raclette Grill vor. Verteile den halbierten Rosenkohl gleichmäßig auf einige der Raclette-Pfännchen. Gib ein wenig Olivenöl darüber und würze sie mit Salz, Pfeffer und Thymian.

2. In anderen Pfännchen verteile die Maronen und Cranberries. Gib zu jeder Portion ein paar Zwiebelringe hinzu.

3. Stelle die Pfännchen unter den Raclette Grill und lasse alles für etwa 15 Minuten garen, bis der Rosenkohl weich und leicht gebräunt ist.

4. In der Zwischenzeit zerkrümle den Feta in einer kleinen Schüssel.

5. Sobald der Rosenkohl und die Maronen-Cranberry-Mischung fertig sind, nimm die Pfännchen vom Grill und streue den Feta darüber. Guten Appetit.

Artischockenherzen mit Balsamicocreme

Zubereitungszeit: 20 Minuten
Portionen: 4

Zutaten:

- 8 Artischockenherzen, halbiert
- 4 EL Balsamico-Creme
- 200 g Feta, gewürfelt
- 2 rote Paprika, in Streifen geschnitten
- 1 Bund Frühlingszwiebeln, klein geschnitten
- 100 g Walnüsse, gehackt
- 2 EL natives Olivenöl extra
- Salz und Pfeffer nach Geschmack

Zubereitung:

1. Verteile die halbierten Artischockenherzen auf die Raclette-Pfännchen.

2. Gib auf jedes Pfännchen ein paar Streifen rote Paprika und etwas Feta.

3. Streue ein paar gehackte Walnüsse und Frühlingszwiebeln darüber.

4. Träufle jeweils einen halben Teelöffel Olivenöl über die Zutaten in jedem Pfännchen.

5. Würze mit Salz und Pfeffer nach deinem Geschmack.

6. Lass die Pfännchen unter dem Raclette Grill garen, bis der Feta leicht geschmolzen und die Artischockenherzen warm sind.

7. Danach beträufle alles mit Balsamico Creme.

8. Serviere die Pfännchen direkt vom Grill. Guten Appetit.

Desserts

Mini-Pfannkuchen mit Apfelmus

Zubereitungszeit: 20 Minuten
Portionen: 4

Zutaten:

- 150 g Mehl
- 2 Bio-Eier
- 200 ml Milch
- 1 Prise Salz
- 2 Äpfel, geschält und gerieben
- 2 TL Zimt
- 4 EL Zucker
- Butter für die Pfännchen
- Puderzucker zum Bestreuen

Zubereitung:

1. In einer Schüssel Mehl, Eier, Milch und eine Prise Salz zu einem glatten Teig verrühren.

2. Die Äpfel schälen, grob reiben und unter den Teig mischen.

3. Jeweils eine kleine Menge Butter in die Pfännchen des Raclette Grills geben und schmelzen lassen.

4. Mit einem Löffel kleine Teigportionen in die Pfännchen geben und bei mittlerer Hitze backen, bis die Unterseite goldbraun ist, dann wenden.

5. Die Pfannkuchen mit Zucker und Zimt bestreuen und weiterbacken, bis sie auf beiden Seiten goldbraun sind.

6. Die fertigen Pfannkuchen auf einen Teller geben und mit Puderzucker bestreuen. Guten Appetit.

Schoko-Banane mit Kokosstreuseln

Zubereitungszeit: 15 Minuten
Portionen: 4

Zutaten:

- 2 reife Bananen
- 100 g Zartbitterschokolade
- 50 g Kokosstreusel
- 4 TL Honig
- 50 ml Sahne
- 20 g Butter
- Eine Prise Zimt

Zubereitung:

1. Zuerst die Bananen schälen und längs halbieren.

2. Die Zartbitterschokolade in kleine Stücke brechen und mit der Sahne und Butter in einem kleinen Topf bei niedriger Hitze schmelzen. Rühre stetig, bis eine glatte Schokosauce entsteht.

3. Streue eine Prise Zimt in die Schokosauce und rühre um.

4. Lege je eine Bananenhälfte in ein Raclette-Pfännchen.

5. Träufle über jede Banane einen Teelöffel Honig.

6. Gieße dann etwas von der Schokosauce über die Bananen.

7. Bestreue die Bananen großzügig mit Kokosstreuseln.

8. Stelle die Pfännchen unter den Raclette-Grill und lasse alles für etwa 5-7 Minuten backen, bis die Bananen weich sind und die Schokosauce warm ist. Guten Appetit.

Pflaumenröster mit Zimtquark

Zubereitungszeit: 15 Minuten
Portionen: 4

Zutaten:

- 500 g Pflaumen, entsteint und geviertelt
- 2 EL Zucker
- 1/2 TL Zimtpulver
- 1 Prise gemahlener Nelken
- 200 g Quark
- 2 TL Honig
- 1 TL Vanilleextrakt
- 4 kleine Zweige frische Minze

Zubereitung:

1. In einem kleinen Schälchen Quark, Honig und Vanilleextrakt vermischen. Die Mischung gleichmäßig auf vier Raclette-Pfännchen verteilen.

2. Die geviertelten Pflaumen auf den Pfännchen verteilen.

3. Zucker, Zimt und eine Prise Nelken in einer separaten Schüssel mischen und über die Pflaumen streuen.

4. Die Pfännchen unter den Raclette-Grill stellen und warten, bis die Pflaumen weich und der Quark leicht gebräunt ist. Dies dauert etwa 5-7 Minuten.

5. Die fertigen Pfännchen vorsichtig herausnehmen und jedes mit einem Minzzweig garnieren. Guten Appetit.

Heiße Kirschen mit Vanillesauce

Zubereitungszeit: 20 Minuten
Portionen: 4

Zutaten:

- 500 g frische Kirschen, entsteint
- 2 EL Zucker
- 1/2 TL Zimt
- 200 ml Schlagsahne
- 1 Vanilleschote, Mark ausgekratzt
- 2 EL Speisestärke
- 50 ml Wasser
- 4 TL Mandelblättchen

Zubereitung:

1. Verteile die entsteinten Kirschen gleichmäßig auf vier Raclette-Pfännchen. Bestreue jede Portion mit einem halben EL Zucker und einer Prise Zimt.

2. Stelle die Pfännchen in deinen Raclette Grill und lasse die Kirschen für etwa 10 Minuten erhitzen, bis sie weich werden und der Zucker leicht karamellisiert.

3. In der Zwischenzeit schlage die Sahne in einer Schüssel steif. Mische das Vanillemark unter die geschlagene Sahne und stelle sie kalt.

4. Rühre in einem kleinen Topf die Speisestärke mit 50 ml Wasser glatt. Erhitze die Mischung bei mittlerer Hitze, bis sie andickt, um eine leichte Sauce zu erhalten.

5. Nimm die heißen Kirschen aus dem Raclette Grill und gib etwas von der Vanillesahne darüber.

6. Bestreue jedes Pfännchen mit einem TL Mandelblättchen. Guten Appetit.

Ananasringe mit Karamell

Zubereitungszeit: 15 Minuten
Portionen: 4

Zutaten:

- 1 frische Ananas, in Ringe geschnitten (ca. 8 Ringe)
- 4 EL weiche Butter
- 4 EL brauner Zucker
- 1 TL Zimtpulver
- 100 ml Schlagsahne
- 50 g Schokoladenraspeln
- Einige Minzblätter

Zubereitung:

1. Verteile auf jedes Raclette-Pfännchen je einen Ananasring.

2. Gib auf jeden Ananasring einen halben EL Butter und bestreue ihn mit einem halben EL braunem Zucker und einer Prise Zimt.

3. Stelle die Pfännchen unter den Raclette-Grill, bis der Zucker karamellisiert und die Ananas leicht gebräunt ist. Das dauert ca. 5 Minuten.

4. Währenddessen schlage die Sahne in einer Schüssel, bis sie steif ist.

5. Nimm die Pfännchen aus dem Raclette-Grill und verteile die Schlagsahne über die karamellisierten Ananasringe.

6. Bestreue jedes Pfännchen mit Schokoladenraspeln und garniere es mit einem Minzblatt. Guten Appetit.

Aprikosen mit Amarettinikruste

Zubereitungszeit: 15 Minuten
Portionen: 4

Zutaten:

- 8 frische Aprikosen, halbiert und entsteint
- 100 g Amarettini, grob zerstoßen
- 2 EL Butter, geschmolzen
- 2 EL Honig
- 100 g Mascarpone
- 2 TL Zimtpulver
- 4 TL brauner Zucker

Zubereitung:

1. In jedes Raclette-Pfännchen zwei Aprikosenhälften mit der Schnittfläche nach oben legen.

2. In einer Schüssel die zerstoßenen Amarettini mit der geschmolzenen Butter und dem Honig vermischen, bis eine krümelige Masse entsteht.

3. Diese Masse gleichmäßig auf den Aprikosenhälften verteilen.

4. Ein paar kleine Mascarpone-Häufchen auf die Amarettinikruste setzen.

5. Die Pfännchen in den Raclette Grill schieben und für ca. 5-7 Minuten backen, bis die Kruste goldbraun und knusprig ist.

6. Nach dem Backen jedes Pfännchen mit etwas Zimtpulver bestreuen und jeweils 1 TL braunen Zucker darüberstreuen. Guten Appetit.

Bratapfel mit Nussfüllung

Zubereitungszeit: ca. 25 Minuten
Portionen: 4

Zutaten:

- 4 mittelgroße Äpfel, gewaschen und ausgehöhlt
- 100 g gemischte Nüsse (Walnüsse, Haselnüsse), fein gehackt
- 4 EL Honig
- 1 TL Zimt
- 50 g weiche Butter
- 2 EL brauner Zucker
- 4 EL Rosinen
- 100 ml Apfelsaft

Zubereitung:

1. Höhle die Äpfel sorgfältig aus, sodass eine Schale entsteht.

2. In einer Schüssel vermische die gehackten Nüsse, Rosinen, Zimt, Honig und Butter, bis eine gleichmäßige Füllung entsteht.

3. Fülle diese Mischung in die ausgehöhlten Äpfel.

4. Lege die gefüllten Äpfel in die Raclette-Pfännchen.

5. Streue je einen halben EL braunen Zucker über jeden Apfel.

6. Gieße vorsichtig etwas Apfelsaft in jedes Pfännchen, um ein Anbrennen zu verhindern.

7. Backe die Äpfel im Raclette Grill für ca. 15-20 Minuten, bis die Füllung heiß und die Äpfel weich sind. Guten Appetit.

Beerengratin mit Mascarponehaube

Zubereitungszeit: ca. 20 Minuten
Portionen: 4

Zutaten:

- 400 g gemischte Beeren (frisch, gewaschen)
- 200 g Mascarpone
- 2 EL Zucker
- 1 TL Vanilleextrakt
- 4 EL gemahlene Mandeln
- 2 EL Honig
- 4 TL Bio-Zitronensaft

Zubereitung:

1. Verteile die Beeren gleichmäßig auf vier Raclette-Pfännchen.

2. In einer Schüssel vermische Mascarpone, Zucker und Vanilleextrakt bis eine glatte Masse entsteht.

3. Verteile die Mascarpone-Mischung gleichmäßig über die Beeren.

4. Streue jeweils einen EL gemahlene Mandeln über jede Mascarpone-Schicht.

5. Träufle vorsichtig jeweils einen TL Zitronensaft und einen halben EL Honig über jedes Pfännchen.

6. Stelle die Pfännchen in deinen Raclette Grill und lasse sie etwa 5-10 Minuten gratinieren, bis die Oberfläche leicht goldbraun ist.

7. Nimm die Pfännchen vorsichtig heraus und serviere das Dessert warm. Guten Appetit.

Pfirsichspalten mit Honig und Thymian

Zubereitungszeit: 15 Minuten
Portionen: 4

Zutaten:

- 4 reife Pfirsiche, entkernt und in Spalten geschnitten
- 4 EL Honig
- 1 TL frischer Thymian, fein gehackt
- 50 g Mandelblättchen
- 200 g Mascarpone
- 2 TL Zimtpulver
- 1 Prise Salz

Zubereitung:

1. Verteile die Pfirsichspalten gleichmäßig auf die Raclette-Pfännchen.

2. Träufle über jede Pfirsichportion etwa 1 EL Honig.

3. Streue den gehackten Thymian und eine Prise Salz über die Pfirsiche.

4. Bestreue jedes Pfännchen mit einigen Mandelblättchen.

5. Stelle die Pfännchen in den Raclette Grill und lasse die Pfirsiche etwa 5-7 Minuten garen, bis sie weich sind und der Honig leicht karamellisiert ist.

6. In der Zwischenzeit vermische den Mascarpone mit dem Zimtpulver in einer kleinen Schüssel.

7. Sobald die Pfirsiche fertig sind, gib einen Klecks der Zimt-Mascarpone-Mischung auf jedes Pfännchen.

8. Serviere die Pfirsichspalten direkt aus dem Raclette Grill. Guten Appetit.

Gebackene Feigen mit Ziegenkäse und Honig

Zubereitungszeit: 15 Minuten
Portionen: 4

Zutaten:

- 4 reife Feigen, an der Spitze kreuzweise eingeschnitten, nicht komplett durchge-schnitten
- 100 g Ziegenkäse, zerbröselt
- 4 EL Honig
- 2 EL gehackte Pistazien
- 2 TL getrockneter Rosmarin
- Frisch gemahlener weißer Pfeffer, nach Geschmack
- 1 EL Balsamico-Essig

Zubereitung:

1. Heize den Raclette Grill vor.

2. Drücke jede Feige am Einschnitt vorsichtig auseinander, sodass ein kleiner Hohlraum entsteht.

3. Fülle in diesen Hohlraum den zerbröselten Ziegenkäse.

4. Bestreue die gefüllten Feigen mit Rosmarin und füge nach Belieben Pfeffer hinzu.

5. Lege jede Feige in ein eigenes Raclette-Pfännchen.

6. Backe die Feigen unter dem Grill für ca. 6-8 Minuten, bis der Käse leicht schmilzt.

7. Nimm die Pfännchen aus dem Grill und träufle Honig sowie einen Spritzer Balsamico-Essig über jede Feige.

8. Bestreue alles zum Schluss mit gehackten Pistazien. Guten Appetit.

International

Griechische Feta-Pfännchen mit Oliven

Zubereitungszeit: 20 Minuten
Portionen: 4

Zutaten:

- 200 g Feta, gewürfelt
- 100 g Kalamata-Oliven, entsteint und halbiert
- 1 Aubergine, in dünne Scheiben geschnitten
- 2 Tomaten, in Würfel geschnitten
- 1 kleine rote Zwiebel, fein gewürfelt
- 2 EL natives Olivenöl extra
- 1 TL getrockneter Oregano
- 1 TL getrockneter Thymian
- Weißer Pfeffer, gemahlen
- Frische Minze, gehackt

Zubereitung:

1. Heize deinen Raclette Grill vor.

2. Verteile die Feta-Würfel gleichmäßig auf vier Raclette-Pfännchen.

3. Füge zu jedem Pfännchen einige Kalamata-Oliven, Auberginenscheiben, Tomatenwürfel und rote Zwiebelwürfel hinzu.

4. Träufle über jede Portion etwas Olivenöl und bestreue sie mit Oregano, Thymian und einer Prise Pfeffer.

5. Setze die Pfännchen unter den Raclette Grill und lasse sie etwa 10-15 Minuten grillen, bis der Feta leicht geschmolzen und das Gemüse zart ist.

6. Nimm die Pfännchen vorsichtig heraus und garniere sie mit Minze. Guten Appetit.

Italienische Mini-Calzoni

Zubereitungszeit: 20 Minuten
Portionen: 4

Zutaten:

- 300 g Mehl
- 1 TL Salz
- 1 TL Zucker
- 7 g Trockenhefe
- 180 ml warmes Wasser
- 2 EL natives Olivenöl extra
- 100 g Mozzarella, gewürfelt
- 50 g Salami, in kleine Stücke geschnitten
- 4 EL Tomatensauce
- 1 rote Paprika, fein gewürfelt
- 1 kleine Zwiebel, fein gehackt
- 1 TL getrockneter Oregano
- Salz und Pfeffer nach Geschmack

Zubereitung:

1. Vermische Mehl, Salz, Zucker und Trockenhefe in einer Schüssel. Füge das warme Wasser und Olivenöl hinzu und knete den Teig, bis er glatt und elastisch ist. Lasse ihn 10 Minuten ruhen.

2. Teile den Teig in 8 gleich große Stücke. Rolle jedes Stück auf einer leicht bemehlten Fläche zu einem kleinen Kreis aus.

3. Verteile auf vier Teigkreisen jeweils 1 EL Tomatensauce. Füge Mozzarella, Salami, Paprika und Zwiebel hinzu. Würze mit Oregano, Salz und Pfeffer.

4. Lege die anderen vier Teigkreise über die gefüllten und drücke die Ränder fest zusammen, um sie zu verschließen.

5. Lege die Mini-Calzoni in die Raclette-Pfännchen und backe sie unter dem Grill, bis der Teig goldbraun und der Käse geschmolzen ist.

6. Direkt aus den Pfännchen servieren. Guten Appetit.

Amerikanische Mini-Burger mit Käse

Zubereitungszeit: 20 Minuten
Portionen: 4

Zutaten:

- 400 g Rinderhackfleisch
- 4 kleine Burgerbrötchen, vorzugsweise Brioche
- 100 g Cheddar-Käse, in kleine Scheiben geschnitten
- 4 EL BBQ-Sauce
- 2 große Gewürzgurken, in Scheiben geschnitten
- 1 rote Zwiebel, in dünne Ringe geschnitten
- Einige Salatblätter, gewaschen und getrocknet
- Salz und weißer Pfeffer
- 4 TL Ranch-Dressing (optional)

Zubereitung:

1. Teile das Rinderhackfleisch in 4 gleich große Portionen, würze sie mit Salz und Pfeffer und forme daraus kleine Burger-Patties.

2. Heize den Raclette Grill vor. Lege die Patties und Zwiebelringe auf den Grill und brate sie bis zur gewünschten Garstufe.

3. Lege währenddessen die Brötchenhälften auf die Pfännchen und röste sie leicht an.

4. Belege jedes Pfännchen mit einem Patty und einer Scheibe Cheddar-Käse. Lasse den Käse kurz schmelzen.

5. Stelle die Burger zusammen: Beginne mit Salat auf der unteren Brötchenhälfte, gefolgt von Patty mit Käse, Gewürzgurken und Zwiebelringen. Gib einen Klecks BBQ-Sauce und optional Ranch-Dressing darauf.

6. Setze die obere Brötchenhälfte auf. Guten Appetit.

Französische Camembert-Ecken mit Thymianhonig

Zubereitungszeit: 20 Minuten
Portionen: 4

Zutaten:

- 200 g Camembert, in kleine Ecken geschnitten
- 4 TL Thymianhonig
- 8 Baguettescheiben, dünn geschnitten
- 2 Birnen, in dünne Scheiben geschnitten
- 60 g Walnüsse, grob gehackt
- Einige Thymianzweige, frisch
- Schwarzer Pfeffer, frisch gemahlen
- Salz, nach Geschmack

Zubereitung:

1. Heize deinen Raclette Grill vor.

2. Lege jeweils zwei Baguettescheiben in vier Raclette-Pfännchen.

3. Verteile die Camembertecken gleichmäßig auf den Baguettescheiben.

4. Gib nun auf jedes Pfännchen ein paar Birnenscheiben und bestreue sie leicht mit Salz und Pfeffer.

5. Streue die gehackten Walnüsse darüber.

6. Träufle jeweils einen Teelöffel Thymianhonig über die Zutaten in jedem Pfännchen.

7. Lege ein paar frische Thymianzweige obendrauf.

8. Setze die Pfännchen in den Raclette Grill und lasse sie etwa 5-7 Minuten grillen, bis der Camembert geschmolzen ist.

9. Sobald der Käse geschmolzen und die Baguettescheiben leicht knusprig sind, nimm die Pfännchen heraus. Guten Appetit.

Spanische Chorizo-Pfännchen mit Manchego

Zubereitungszeit: 20 Minuten
Portionen: 4

Zutaten:

- 200 g Chorizo, in dünne Scheiben geschnitten
- 150 g Manchego, grob gerieben
- 1 rote Paprika, in kleine Würfel geschnitten
- 1 Zwiebel, fein gehackt
- 2 EL natives Olivenöl extra
- 1 TL Paprikapulver, edelsüß
- 1/2 TL Chiliflocken
- 4 EL frische Petersilie, gehackt
- Salz und Pfeffer nach Geschmack

Zubereitung:

1. Erhitze das Olivenöl in einer Pfanne und brate die Zwiebeln darin, bis sie weich sind.

2. Füge die Chorizo und Paprika hinzu und brate sie für etwa 5 Minuten, bis die Chorizo knusprig wird.

3. Streue Paprikapulver und Chiliflocken darüber und rühre alles gut um.

4. Verteile die Mischung auf vier Raclette-Pfännchen.

5. Streue den geriebenen Manchego über die Chorizo-Paprika-Mischung.

6. Setze die Pfännchen in den Raclette-Grill und lasse den Käse schmelzen, bis er goldbraun ist.

7. Nimm die Pfännchen aus dem Grill, bestreue sie mit der gehackten Petersilie und würze mit Salz und Pfeffer. Guten Appetit.

Türkische Köfte mit Joghurtdip

Zubereitungszeit: 30 Minuten
Portionen: 4

Zutaten:

- 500 g Rinderhackfleisch oder Lammhackfleisch
- 1 mittelgroße Zwiebel, fein gewürfelt
- 2 Knoblauchzehen, fein gehackt
- 1 TL Kreuzkümmel
- 1 TL Paprikapulver, edelsüß
- 1/2 TL Salz
- 1/4 TL schwarzer Pfeffer
- 2 EL Petersilie, fein gehackt
- 4 EL natives Olivenöl extra
- **Für den Joghurtdip:**
- 200 g griechischer Joghurt
- 1 kleine Gurke, fein gerieben und entwässert
- 2 EL Bio-Zitronensaft
- 1 Knoblauchzehe, fein gehackt
- Salz und Pfeffer nach Geschmack

Zubereitung:

1. Vermische in einer Schüssel das Rinderhackfleisch mit Zwiebeln, Knoblauch, Kreuzkümmel, Paprikapulver, Salz, Pfeffer und Petersilie. Knete die Mischung gut durch, bis alles gleichmäßig verteilt ist.

2. Forme aus der Fleischmischung kleine, flache Köfte und lege sie auf die Pfännchen.

3. Träufle etwas Olivenöl über die Köfte.

4. Stelle die Pfännchen unter den Raclette Grill und grille die Köfte für etwa 5-7 Minuten pro Seite, bis sie gebräunt und durchgegart sind.

5. Während die Köfte grillen, bereite den Joghurtdip vor. Vermische dazu den griechischen Joghurt mit geriebener Gurke, Zitronensaft, gehacktem Knoblauch, Salz und Pfeffer. Rühre alles gut um, bis eine gleichmäßige Konsistenz entsteht.

6. Serviere die fertigen Köfte mit dem Joghurtdip. Guten Appetit.

Asiatische Gemüse-Dumplings mit Sojasauce

Zubereitungszeit: 30 Minuten
Portionen: 4

Zutaten:

- 200 g Weißkohl, fein gehackt
- 1 Karotte, gerieben
- 100 g frische Champignons, fein gehackt
- 2 Frühlingszwiebeln, fein geschnitten
- 1 EL Ingwer, fein gerieben
- 1 Knoblauchzehe, fein gehackt
- 2 EL Sojasauce
- 1 EL Sesamöl
- Salz und Pfeffer nach Geschmack
- 16 Gyoza-Teigblätter (aus dem Asia-Laden)
- 1 EL natives Olivenöl extra

Zubereitung:

1. In einer Schüssel Weißkohl, Karotte, Champignons, Frühlingszwiebeln, Ingwer und Knoblauch mischen. 1 EL Sojasauce, Sesamöl, Salz und Pfeffer hinzufügen und alles gut vermengen.

2. Lege ein Teigblatt auf eine Arbeitsfläche. Gib etwa 1 EL der Gemüsefüllung in die Mitte. Befeuchte die Ränder des Teigblatts mit Wasser und falte es zu einem Halbmond. Drücke die Ränder fest zusammen, um sie zu versiegeln. Wiederhole dies mit den restlichen Teigblättern und der Füllung.

3. Erhitze den Raclette Grill und öle die Pfännchen leicht ein. Lege jeweils 1-2 Dumplings pro Pfännchen und brate sie, bis sie auf beiden Seiten goldbraun sind, etwa 5 Minuten pro Seite.

4. Die Dumplings mit der restlichen Sojasauce servieren. Guten Appetit.

Indisches Naan-Brot mit Tandoori-Hähnchen

Zubereitungszeit: 30 Minuten
Portionen: 4

Zutaten:

- 500 g Hähnchenbrust, in Streifen geschnitten
- 2 EL Tandoori Gewürzmischung
- 200 g Naturjoghurt
- 2 Knoblauchzehen, fein gehackt
- 1 Bio-Zitrone, Saft und Abrieb
- Salz und Pfeffer nach Geschmack
- 300 g Weizenmehl
- 1 TL Backpulver
- 150 ml Wasser
- 2 EL natives Olivenöl extra
- Frische Korianderblätter, gehackt

Zubereitung:

1. Hähnchenstreifen in einer Schüssel mit Tandoori, der Hälfte des Joghurts, Knoblauch, Zitronensaft und -abrieb, Salz und Pfeffer mischen. Für 10 Minuten marinieren lassen.

2. In einer weiteren Schüssel Weizenmehl mit Backpulver, einer Prise Salz, Wasser und Olivenöl zu einem glatten Teig kneten. Den Teig in vier gleichgroße Portionen teilen.

3. Jede Teigportion auf ein Raclette-Pfännchen verteilen und dünn ausrollen.

4. Hähnchenstreifen gleichmäßig auf die Pfännchen verteilen.

5. Die Pfännchen unter den Raclette-Grill schieben und alles für etwa 10 Minuten garen, bis das Brot goldbraun und das Hähnchen durchgegart ist.

6. Die fertigen Naan-Brote mit dem restlichen Joghurt und Koriander garnieren. Guten Appetit.

Britische Mini-Ofenkartoffeln mit Sauerrahm

Zubereitungszeit: 25 Minuten
Portionen: 4

Zutaten:

- 12 kleine Kartoffeln, gewaschen und halbiert
- 2 EL natives Olivenöl extra
- 1 TL Meersalz
- 1 TL weißer Pfeffer, grob gemahlen
- 1 TL getrockneter Rosmarin
- 1 TL Senf
- 2 EL Worcestershiresauce
- 4 EL Sauerrahm
- 50 g Cheddar, gerieben
- 2 Frühlingszwiebeln, in feine Ringe geschnitten
- Frische Petersilie, gehackt

Zubereitung:

1. Heize deinen Raclette-Grill vor. Mische die halbierten Kartoffeln in einer Schüssel mit Olivenöl, Meersalz, Pfeffer, Rosmarin, Senf und Worcestershiresauce.

2. Verteile die Kartoffelhälften auf die Raclette-Pfännchen. Lass sie etwa 15 Minuten garen, bis sie weich und leicht goldbraun sind.

3. Streue etwas geriebenen Cheddar über die Kartoffeln und lass den Käse in den letzten 5 Minuten der Garzeit schmelzen.

4. Nimm die Pfännchen vom Grill und gib einen Klecks Sauerrahm auf jede Portion.

5. Bestreue die Kartoffeln mit Frühlingszwiebelringen und Petersilie. Guten Appetit.

Marokkanische Couscous-Pfännchen mit Harissa

Zubereitungszeit: 30 Minuten
Portionen: 4

Zutaten:

- 250 g Couscous
- 400 ml Gemüsebrühe
- 2 rote Paprika, gewürfelt
- 1 Zucchini, in kleine Stücke geschnitten
- 1 Aubergine, in kleine Stücke geschnitten
- 200 g Kichererbsen
- 4 EL Harissa-Paste
- 100 g Rosinen
- 2 EL natives Olivenöl extra
- 1 TL Kreuzkümmel
- 1 TL Koriander, gemahlen
- Salz und Pfeffer nach Geschmack
- 4 EL gehackte frische Petersilie

Zubereitung:

1. Den Couscous in eine Schüssel geben und mit der heißen Gemüsebrühe übergießen. Abdecken und für 5 Minuten quellen lassen, dann mit einer Gabel auflockern.

2. In einer Pfanne das Olivenöl erhitzen. Paprika, Zucchini und Aubergine hinzugeben und bei mittlerer Hitze für etwa 10 Minuten braten, bis sie weich sind.

3. Harissa, Kreuzkümmel und Koriander hinzufügen und gut umrühren. Die Kichererbsen und Rosinen dazugeben und weitere 5 Minuten kochen lassen. Mit Salz und Pfeffer abschmecken.

4. Die Gemüsemischung mit dem Couscous vermengen. Alles gleichmäßig auf vier Raclette-Pfännchen verteilen.

5. Die Pfännchen im Raclette Grill für etwa 5-10 Minuten backen, bis die Oberfläche leicht gebräunt ist.

6. Mit Petersilie bestreuen und servieren. Guten Appetit.

Japanische Teriyaki-Lachs-Würfel

Zubereitungszeit: 25 Minuten
Portionen: 4

Zutaten:

- 600 g Lachsfilet, in Würfel geschnitten
- 2 EL Sojasauce
- 1 EL Honig
- 1 EL Mirin (japanischer Reiswein)
- 1 Knoblauchzehe, fein gehackt
- 1 TL geriebener Ingwer
- 2 Frühlingszwiebeln, in dünne Ringe geschnitten
- 1 EL Sesamöl
- 1 TL Sesamsamen
- Frischer Koriander, grob gehackt
- 1 EL Sake
- 1 EL Zucker
- Reisweinessig nach Geschmack

Zubereitung:

1. In einer Schüssel Sojasauce, Honig, Mirin, Sake, Zucker, Knoblauch und Ingwer vermischen, um eine Teriyaki-Marinade herzustellen. Die Lachswürfel hinzufügen und gut vermengen. Mindestens 10 Minuten marinieren lassen.

2. Heize den Raclette Grill vor.

3. Verteile die marinierten Lachswürfel gleichmäßig auf die Raclette-Pfännchen. Gib jeweils einen Spritzer Sesamöl dazu.

4. Grill die Lachswürfel auf dem Raclette Grill für etwa 5-7 Minuten oder bis sie gar sind.

5. Garniere die fertigen Lachswürfel mit Frühlingszwiebeln, Sesamsamen und Koriander. Ein paar Tropfen Reisweinessig hinzufügen. Guten Appetit.

Thailändische Garnelen mit Zitronengras

Zubereitungszeit: 30 Minuten
Portionen: 4

Zutaten:

- 400 g Garnelen, geschält und entdarmt
- 4 Stangen Zitronengras, in dünne Ringe geschnitten
- 2 rote Chilischoten, fein gehackt
- 4 Frühlingszwiebeln, in Ringe geschnitten
- 1 EL frischer Ingwer, fein gehackt
- 2 Knoblauchzehen, fein gehackt
- 4 EL Sojasauce
- 2 EL Fischsauce
- 1 TL brauner Zucker
- 2 Bio-Limetten, Saft davon
- Frischer Koriander, grob gehackt
- 2 EL Erdnussöl

Zubereitung:

1. Zuerst die Marinade vorbereiten: In einer Schüssel Sojasauce, Fischsauce, braunen Zucker, Limettensaft, Ingwer und Knoblauch vermischen.

2. Garnelen in die Marinade geben und für etwa 15 Minuten marinieren lassen.

3. Raclette Grill vorheizen.

4. In jedes Pfännchen etwas Erdnussöl geben. Dann eine Portion der marinierten Garnelen, Zitronengras, Chili, Frühlingszwiebeln und ein paar Korianderblätter hinzufügen.

5. Die Pfännchen unter den Grill stellen und die Garnelen von beiden Seiten je 3-4 Minuten grillen, bis sie rosa und gar sind.

6. Zum Servieren mit Koriander garnieren. Guten Appetit.

Russische Mini-Piroggen mit Sauerrahm

Zubereitungszeit: 25 Minuten
Portionen: 4

Zutaten:

- 200 g Weizenmehl
- 100 ml Wasser, lauwarm
- 1 TL Salz
- 200 g Sauerkraut, fein gehackt
- 100 g Räucherlachs, in kleine Stücke geschnitten
- 50 g Zwiebeln, fein gewürfelt
- 1 EL natives Olivenöl extra
- 150 g Sauerrahm
- Frische Kräuter (z.B. Dill, Petersilie), gehackt

Zubereitung:

1. Vermische das Mehl, Wasser und Salz in einer Schüssel zu einem geschmeidigen Teig. Teile den Teig in kleine Portionen und rolle sie zu dünnen Kreisen aus.

2. Erhitze das Olivenöl in einer Pfanne und dünste die Zwiebeln, bis sie glasig sind. Füge das Sauerkraut hinzu und brate es für einige Minuten. Lass die Mischung abkühlen.

3. Lege auf jedes Teigstück etwas von der Sauerkraut-Zwiebel-Mischung und ein paar Stückchen Räucherlachs. Klappe den Teig um die Füllung und drücke die Ränder fest zusammen, um kleine Halbmonde zu formen.

4. Setze die Mini-Piroggen in die Raclette-Pfännchen und backe sie etwa 10 Minuten, bis sie goldbraun sind.

5. Serviere die Mini-Piroggen mit einem Klecks Sauerrahm und bestreue sie mit Kräutern. Guten Appetit.

Koreanische Kimchi-Pancakes

Zubereitungszeit: 20 Minuten
Portionen: 4

Zutaten:

- 150 g Weizenmehl
- 2 Bio-Eier
- 100 ml Wasser
- 1 EL Sojasauce
- 1 TL Sesamöl
- 1 TL Zucker
- 1 TL Salz
- 200 g Kimchi, fein gehackt
- 100 g Frühlingszwiebeln, fein geschnitten
- 1 Knoblauchzehe, fein gehackt
- 1 EL Gochujang (koreanische Chilipaste)
- Sonnenblumenöl zum Braten
- Sesamsamen zum Bestreuen
- 100 g geriebener Käse

Zubereitung:

1. In einer Schüssel Weizenmehl, Eier, Wasser, Sojasauce, Sesamöl, Zucker und Salz zu einem glatten Teig verrühren.

2. Kimchi, Frühlingszwiebeln, Knoblauch und Gochujang unter den Teig heben.

3. Deinen Raclette Grill vorheizen und die Pfännchen leicht mit Öl bestreichen.

4. Den Teig gleichmäßig auf die Pfännchen verteilen und unter dem Grill von beiden Seiten goldbraun backen.

5. Kurz vor dem Servieren den geriebenen Käse über die Pancakes streuen und schmelzen lassen.

6. Danach mit Sesamsamen bestreuen. Guten Appetit.

Brotzeit

Knoblauchbrotwürfel mit Kräuterseitlingen

Zubereitungszeit: 20 Minuten
Portionen: 4

Zutaten:

- 200 g Kräuterseitlinge, in Scheiben geschnitten
- 4 Scheiben rustikales Brot, in Würfel geschnitten
- 2 Knoblauchzehen, fein gehackt
- 100 g geriebener Emmentaler
- 4 EL natives Olivenöl extra
- 1 TL getrockneter Oregano
- 1 TL getrockneter Thymian
- Salz und Pfeffer nach Geschmack
- Frische Petersilie, fein gehackt

Zubereitung:

1. Heize deinen Raclette-Grill vor. Verteile die Brotwürfel und Kräuterseitling-Scheiben auf die Pfännchen.

2. In einer kleinen Schüssel vermische das Olivenöl mit dem gehackten Knoblauch, Oregano, Thymian, Salz und Pfeffer. Träufle diese Mischung gleichmäßig über die Brotwürfel und Kräuterseitlinge.

3. Streue den geriebenen Emmentaler über die Zutaten. Stelle die Pfännchen unter den Grill und lass alles ca. 5-7 Minuten backen, bis der Käse geschmolzen und leicht goldbraun ist.

4. Garniere alles mit etwas frischer Petersilie. Serviere sie warm direkt vom Raclette-Grill. Guten Appetit.

Pumpernickel mit Räucherlachs und Dill

Zubereitungszeit: 20 Minuten
Portionen: 4

Zutaten:

- 8 Scheiben Pumpernickel, halbiert
- 200 g Räucherlachs, in dünne Streifen geschnitten
- 4 EL Frischkäse
- 2 EL Dill, fein gehackt
- 1 kleine rote Zwiebel, in dünne Ringe geschnitten
- 50 g Kapern, abgetropft und gehackt
- 100 g gemischte Blattsalate, gewaschen und trocken geschleudert
- 1 TL Bio-Zitronensaft
- Salz und Pfeffer nach Geschmack

Zubereitung:

1. Nimm zuerst die halbierten Pumpernickelscheiben und lege je zwei davon in jedes Raclette-Pfännchen.

2. Streiche auf jede Pumpernickelhälfte etwas Frischkäse.

3. Verteile die Räucherlachsstreifen gleichmäßig auf dem Frischkäse.

4. Bestreue alles mit dem fein gehackten Dill.

5. Lege einige Ringe der roten Zwiebel und ein paar Kapern darauf.

6. Setze die Pfännchen in den Raclette-Grill und lasse alles für etwa 5-7 Minuten backen, bis der Pumpernickel leicht knusprig wird.

7. Währenddessen vermische den Blattsalat mit Zitronensaft, Salz und Pfeffer in einer separaten Schüssel.

8. Sobald die Pumpernickel knusprig sind, nimm die Pfännchen aus dem Grill und belege jedes mit einer Portion des gewürzten Blattsalats. Guten Appetit.

Ciabatta mit Tomaten-Oliven-Salsa

Zubereitungszeit: 20 Minuten
Portionen: 4

Zutaten:

- 1 Ciabatta, in dünne Scheiben geschnitten
- 250 g Kirschtomaten, halbiert
- 100 g schwarze Oliven, entkernt und gehackt
- 1 rote Zwiebel, fein gewürfelt
- 2 EL natives Olivenöl extra
- 2 EL Balsamico-Essig
- 1 Handvoll frischer Basilikum, grob gehackt
- Salz und Pfeffer nach Geschmack
- 100 g Feta, zerkrümelt
- 50 g Rucola

Zubereitung:

1. In einem Pfännchen die halbierten Kirschtomaten, die gehackten Oliven und die gewürfelte rote Zwiebel mischen.

2. Olivenöl und Balsamico-Essig hinzufügen und mit Salz und Pfeffer würzen.

3. Die Salsa für etwa 5 Minuten unter dem Raclette Grill erwärmen, bis die Tomaten leicht weich werden.

4. Währenddessen die Ciabatta-Scheiben auf dem oberen Teil des Grills rösten, bis sie knusprig sind.

5. Die warme Salsa auf die gerösteten Ciabattascheiben geben.

6. Mit zerkrümeltem Feta und Basilikum garnieren.

7. Zum Schluss etwas Rucola darauf verteilen und servieren. Guten Appetit.

Vollkornbrot mit Camembert und Preiselbeermarmelade

Zubereitungszeit: 15 Minuten
Portionen: 4

Zutaten:

- 8 Scheiben Vollkornbrot
- 200 g Camembert, in dünne Scheiben geschnitten
- 4 EL Preiselbeermarmelade
- 2 rote Äpfel, in dünne Scheiben geschnitten
- 100 g Walnüsse, grob gehackt
- Frischer Thymian
- Salz und frisch gemahlener weißer Pfeffer

Zubereitung:

1. Lege eine Scheibe Vollkornbrot in jedes Pfännchen.

2. Verteile darauf gleichmäßig die Camembertscheiben.

3. Gib einen EL Preiselbeermarmelade über den Camembert.

4. Belege das Ganze mit ein paar Apfelscheiben und streue einige Walnussstücke darüber.

5. Würze mit einer Prise Salz und frisch gemahlenem Pfeffer.

6. Garniere mit ein paar Thymianblättern.

7. Schiebe die Pfännchen unter den Raclette-Grill und backe, bis der Käse schmilzt und das Brot leicht knusprig wird. Guten Appetit.

Baguette mit Ratatouille-Gemüse

Zubereitungszeit: 30 Minuten
Portionen: 4

Zutaten:

- 1 Baguette, in Scheiben geschnitten
- 2 Zucchini, in kleine Würfel geschnitten
- 2 rote Paprika, in kleine Würfel geschnitten
- 1 Aubergine, in kleine Würfel geschnitten
- 2 Tomaten, gewürfelt
- 1 Zwiebel, fein gewürfelt
- 2 Knoblauchzehen, fein gehackt
- 50 ml natives Olivenöl extra
- Salz und Pfeffer
- 1 TL getrockneter Thymian
- 100 g geriebener Käse (z.B. Emmentaler)

Zubereitung:

1. Heize den Raclette Grill vor.

2. Vermenge Zucchini, Paprika, Aubergine, Tomaten, Zwiebel und Knoblauch in einer Schüssel mit Olivenöl, Salz, Pfeffer und Thymian.

3. Verteile die Gemüsemischung auf die Raclette-Pfännchen.

4. Streue geriebenen Käse über das Gemüse.

5. Lege die Pfännchen unter den Raclette Grill und lasse das Gemüse für etwa 10-15 Minuten garen, bis es weich ist und der Käse geschmolzen ist.

6. Währenddessen die Baguettescheiben auf dem Grillrost leicht anrösten.

7. Serviere die gegrillten Baguettescheiben zusammen mit den fertigen Ratatouille-Gemüse-Pfännchen. Guten Appetit.

Laugenbrötchen mit Obatzter und Zwiebelringen

Zubereitungszeit: ca. 20 Minuten
Portionen: 4

Zutaten:

- 4 kleine Laugenbrötchen, halbiert
- 200 g Camembert, in dünne Scheiben geschnitten
- 100 g Frischkäse
- 1 kleine Zwiebel, in Ringe geschnitten
- 1 TL Paprikapulver, edelsüß
- 1 TL Kümmel, ganz
- 2 EL weiche Butter
- Salz und Pfeffer nach Geschmack
- Schnittlauch, fein gehackt

Zubereitung:

1. Mische in einer kleinen Schüssel den Frischkäse mit dem Paprikapulver, Kümmel, Salz und Pfeffer. Rühre alles gut durch, bis eine gleichmäßige Masse entsteht.

2. Schneide die Laugenbrötchen horizontal in der Mitte durch und bestreiche jede Hälfte mit der weichen Butter.

3. Verteile den Camembert gleichmäßig auf den Brötchenhälften. Dann gib einen großzügigen Klecks des gewürzten Frischkäses darauf.

4. Lege ein paar Zwiebelringe auf jedes Brötchen.

5. Erhitze deinen Raclette Grill. Sobald er heiß ist, lege die belegten Brötchenhälften vorsichtig in die Raclette-Pfännchen.

6. Lasse die Brötchen im Raclette Grill für etwa 5-7 Minuten backen, bis der Käse geschmolzen und leicht gebräunt ist.

7. Nimm die Pfännchen aus dem Grill und garniere die Laugenbrötchen mit etwas Schnittlauch. Guten Appetit.

Roggenbrot mit Tafelspitz und Meerrettich

Zubereitungszeit: ca. 20 Minuten
Portionen: 4

Zutaten:

- 200 g Roggenbrot, in dünne Scheiben geschnitten
- 300 g Tafelspitz, bereits gekocht und in dünne Scheiben geschnitten
- 100 g frischer Meerrettich, gerieben
- 4 EL natives Olivenöl extra
- Salz und Pfeffer
- 1 Bund Schnittlauch, fein gehackt
- 4 TL Senf
- 100 g Emmentaler, gerieben

Zubereitung:

1. Erhitze deinen Raclette-Grill.

2. Verteile auf jedes Pfännchen einige Roggenbrotscheiben. Beträufle sie leicht mit Olivenöl.

3. Lege auf das Brot einige Scheiben des Tafelspitzes. Bestreue sie mit einer Prise Salz und Pfeffer.

4. Gib auf den Tafelspitz eine dünne Schicht geriebenen Meerrettich.

5. Bestreiche den Meerrettich leicht mit Senf.

6. Streue zum Schluss etwas gehackten Schnittlauch und geriebenen Emmentaler über die Zutaten.

7. Lasse die Pfännchen im Raclette-Grill, bis der Käse geschmolzen und leicht gebräunt ist. Guten Appetit.

Bauernbrot mit Leberkäse und Spiegelei

Zubereitungszeit: 20 Minuten
Portionen: 4

Zutaten:

- 8 Scheiben Bauernbrot
- 4 Scheiben Leberkäse, jeweils ca. 1 cm dick
- 4 Bio-Eier
- 2 EL Butter
- 4 TL Senf
- Salz und Pfeffer
- Frische Kräuter (z.B. Schnittlauch), fein gehackt

Zubereitung:

1. Heize den Raclette-Grill vor. Bestreiche jede Bauernbrotscheibe auf einer Seite dünn mit Senf und lege sie mit der bestrichenen Seite nach oben in die Raclette-Pfännchen.

2. Lege auf jede Brotscheibe eine Scheibe Leberkäse. Stelle die Pfännchen unter den Grill, bis der Leberkäse leicht gebräunt ist.

3. In der Zwischenzeit erhitze in einer kleinen Pfanne etwas Butter. Schlage die Eier auf und brate sie als Spiegeleier. Würze sie mit Salz und Pfeffer.

4. Sobald der Leberkäse gebräunt ist, lege ein Spiegelei auf jede Scheibe. Bestreue das Ganze mit Kräutern. Guten Appetit.

Focaccia mit Mozzarella und Pesto

Zubereitungszeit: 20 Minuten
Portionen: 4

Zutaten:

- 4 kleine Focaccia-Brote, quer halbiert
- 200 g Mozzarella, in Scheiben geschnitten
- 4 EL grünes Pesto
- 2 Tomaten, in Scheiben geschnitten
- 1 kleine rote Zwiebel, in dünne Ringe geschnitten
- 4 EL natives Olivenöl extra
- Eine Prise Salz und Pfeffer
- Frischer Basilikum, grob gehackt

Zubereitung:

1. Heize deinen Raclette-Grill vor.

2. Bestreiche jede Focaccia-Hälfte auf der Schnittfläche mit 1/2 EL Pesto.

3. Belege die mit Pesto bestrichenen Focaccia-Hälften zuerst mit Mozzarella-Scheiben, dann mit Tomatenscheiben und ein paar Zwiebelringen.

4. Würze die belegten Brote mit einer Prise Salz und Pfeffer.

5. Setze die Focaccia-Hälften in die Raclette-Pfännchen und träufle jeweils 1 EL Olivenöl darüber.

6. Lasse die Focaccia unter dem Raclette-Grill so lange backen, bis der Mozzarella geschmolzen und das Brot leicht knusprig ist.

7. Nimm die fertigen Focaccia aus den Pfännchen und garniere sie mit Basilikum. Guten Appetit.

Schwarzbrot mit Heringsstipp

Zubereitungszeit: 20 Minuten
Portionen: 4

Zutaten:

- 4 Scheiben Schwarzbrot
- 200 g Heringsfilets in Öl, abgetropft und gewürfelt
- 200 g saure Sahne
- 100 g Schmand
- 1 rote Zwiebel, fein gewürfelt
- 2 Äpfel, geschält und in kleine Würfel geschnitten
- 4 EL frisch gehackter Dill
- Salz und Pfeffer zum Abschmecken
- 1 EL Bio-Zitronensaft
- 4 EL Rapsöl

Zubereitung:

1. In jedes Pfännchen legst du eine Scheibe Schwarzbrot.

2. In einer Schüssel vermischst du die Heringsfilets, saure Sahne, Schmand, Zwiebelwürfel, Apfelwürfel und den Dill.

3. Würze die Mischung mit Salz, Pfeffer und Zitronensaft.

4. Verteile die Heringsstipp-Mischung gleichmäßig auf den Brotscheiben.

5. Gib in jedes Pfännchen einen Spritzer Rapsöl.

6. Lasse die Pfännchen unter dem Raclette Grill backen, bis das Brot knusprig und der Belag heiß ist.

7. Serviere die Pfännchen direkt vom Grill. Guten Appetit.

Snacks

Mini-Wraps mit Hähnchen Caesar Salad

Zubereitungszeit: 20 Minuten
Portionen: 4

Zutaten:

- 400 g Hähnchenbrust, in kleine Streifen geschnitten
- 8 kleine Weizentortillas
- 100 g Römersalat, gewaschen und grob zerkleinert
- 50 g Parmesan, frisch gerieben
- 2 EL natives Olivenöl extra
- 1 EL Bio-Zitronensaft
- 1 TL Dijon-Senf
- 1 Knoblauchzehe, fein gehackt
- Salz und Pfeffer nach Geschmack
- 2 EL Caesar-Dressing, fertig gekauft oder selbstgemacht

Zubereitung:

1. Vermische in einer kleinen Schüssel Olivenöl, Zitronensaft, Dijon-Senf und den gehackten Knoblauch. Würze die Hähnchenstreifen mit dieser Marinade und etwas Salz und Pfeffer.

2. Erhitze den Raclette Grill. Lege die Hähnchenstreifen in die Raclette-Pfännchen und grille sie auf der oberen Grillplatte, bis sie durchgegart und leicht gebräunt sind.

3. Währenddessen erwärme die Tortillas kurz auf dem oberen Teil des Raclette Grills, bis sie weich und leicht geröstet sind.

4. Zum Zusammenstellen der Wraps: Lege etwas Römersalat auf jede Tortilla, füge die gebratenen Hähnchenstreifen hinzu und streue Parmesan darüber.

5. Träufle etwas Caesar-Dressing über den Salat und die Hähnchenstreifen.

6. Rolle die Tortillas zu kleinen Wraps auf und serviere sie. Guten Appetit.

Räucherlachs-Röllchen mit Frischkäsefüllung

Zubereitungszeit: ca. 20 Minuten
Portionen: 4

Zutaten:

- 200 g Räucherlachs, in dünne Scheiben geschnitten
- 100 g Frischkäse
- 1 kleine rote Zwiebel, fein gewürfelt
- 1 EL frischer Dill, fein gehackt
- 2 TL Bio-Zitronensaft
- 50 g Rucola, grob gehackt
- Salz und Pfeffer nach Geschmack
- 4 Vollkorn-Wraps

Zubereitung:

1. Vermische den Frischkäse, die rote Zwiebel, den Dill und den Zitronensaft in einer kleinen Schüssel. Würze diese Mischung mit Salz und Pfeffer.

2. Breite einen Wrap auf einer sauberen Arbeitsfläche aus. Streiche eine dünne Schicht der Frischkäse-Mischung darauf.

3. Lege darauf einige Scheiben Räucherlachs und bestreue sie mit dem gehacktem Rucola.

4. Rolle den Wrap vorsichtig auf. Wiederhole dies mit den restlichen Wraps.

5. Schneide jede Rolle in etwa 2 cm dicke Scheiben.

6. Verteile die Röllchen auf die Raclette-Pfännchen und grille sie unter dem Raclette Grill, bis sie leicht knusprig sind. Guten Appetit.

Gefüllte Datteln mit Ziegenkäse und Speckmantel

Zubereitungszeit: 15 Minuten
Portionen: 4

Zutaten:

- 16 Datteln, entkernt
- 100 g Ziegenkäse, zerbrö-ckelt
- 8 Scheiben Speck, halbiert
- 4 TL Honig
- 2 EL gehackte Walnüsse
- Frischer Thymian, fein ge-hackt
- Weißer Pfeffer, gemahlen

Zubereitung:

1. Schneide einen Schlitz in jede Dattel und fülle sie mit einer kleinen Menge Ziegenkäse.

2. Umwickle jede Dattel mit einer halben Scheibe Speck und sichere sie mit einem Zahnstocher.

3. Leg die gefüllten Datteln auf die Raclette-Pfännchen.

4. Träufle etwas Honig über jede Dattel und bestreue sie mit gehackten Walnüssen und Thymian.

5. Würze sie mit einer Prise weißem Pfeffer.

6. Grille die Datteln unter dem Raclette-Grill, bis der Speck knusprig und der Käse geschmolzen ist. Guten Appetit.

Kartoffel-Spinat-Nocken

Zubereitungszeit: 30 Minuten
Portionen: 4

Zutaten:

- 500 g Kartoffeln, geschält und gewürfelt
- 200 g frischer Spinat, grob gehackt
- 100 g Parmesan, fein gerieben
- 2 Bio-Eier
- 100 g Mehl
- Salz und Pfeffer
- Muskatnuss, frisch gerieben
- 2 EL natives Olivenöl extra

Zubereitung:

1. Koche die Kartoffeln in einem Topf mit Salzwasser, bis sie weich sind. Gieße das Wasser ab und zerdrücke die Kartoffeln in einer Schüssel.

2. In einer Pfanne den Spinat mit etwas Wasser dünsten, bis er zusammenfällt. Gib den Spinat zu den Kartoffeln.

3. Füge Parmesan, Eier, Mehl, eine Prise Salz, Pfeffer und eine Prise Muskatnuss hinzu. Vermenge alles gut, bis eine formbare Masse entsteht.

4. Forme aus der Masse kleine Nocken. Die Nocken sollten nicht zu groß sein, damit sie in die Raclette-Pfännchen passen.

5. Erhitze den Raclette Grill und öle die Pfännchen leicht mit Olivenöl.

6. Lege einige Nocken in jedes Pfännchen und lasse sie unter dem Grill garen, bis sie außen knusprig und innen weich sind.

7. Serviere alles direkt aus den Pfännchen. Guten Appetit.

Süßkartoffel-Crostini mit Avocado-Creme

Zubereitungszeit: 25 Minuten
Portionen: 4

Zutaten:

- 2 mittelgroße Süßkartoffeln, in 1 cm dicke Scheiben geschnitten
- 2 reife Avocados, halbiert, entkernt und geschält
- 1 kleine rote Zwiebel, fein gehackt
- 100 g Feta-Käse, zerbröckelt
- 2 EL natives Olivenöl extra
- Saft von 1/2 Bio-Zitrone
- 1 TL getrockneter Thymian
- Salz und Pfeffer nach Geschmack
- Frische Petersilie, gehackt

Zubereitung:

1. Heize deinen Raclette-Grill vor.

2. Bestreiche die Süßkartoffelscheiben leicht mit Olivenöl und würze sie mit Salz und Pfeffer. Lege sie auf den Grill und grille sie für ca. 5-6 Minuten auf jeder Seite, bis sie weich und leicht gebräunt sind.

3. Währenddessen die Avocados in einer Schüssel mit einer Gabel zerdrücken. Füge Zitronensaft, Thymian, Salz und Pfeffer hinzu und vermische alles gut.

4. Nimm die gegrillten Süßkartoffelscheiben vom Grill und lege sie in die Pfännchen.

5. Verteile die Avocado-Creme gleichmäßig auf den Süßkartoffelscheiben.

6. Bestreue sie mit Feta-Käse und roten Zwiebeln.

7. Setze die Pfännchen zurück unter den Grill und lasse den Käse leicht schmelzen, etwa 3-4 Minuten.

8. Garniere die Crostinis mit Petersilie und serviere sie. Guten Appetit.

Hähnchen-Satay mit Erdnusssauce

Zubereitungszeit: 25 Minuten
Portionen: 4

Zutaten:

- 500 g Hähnchenbrust, in Streifen geschnitten
- 2 EL Sojasauce
- 1 TL Currypulver
- 1 Knoblauchzehe, fein gehackt
- 1 EL Honig
- 1 EL Bio-Limettensaft
- 200 ml Kokosmilch, ungesüßt
- 100 g cremige Erdnussbutter
- 1 TL gemahlener Koriander
- Salz und Pfeffer nach Geschmack
- 2 EL frischer Koriander, gehackt
- 4 Holzspieße, eingeweicht in Wasser

Zubereitung:

1. Hähnchenbruststreifen mit Sojasauce, Currypulver, gehacktem Knoblauch, Honig und Limettensaft in einer Schüssel mischen. Etwa 10 Minuten marinieren lassen.

2. In der Zwischenzeit die Kokosmilch in einem kleinen Topf erwärmen, aber nicht kochen lassen. Erdnussbutter und gemahlenen Koriander hinzufügen, gut umrühren, bis eine glatte Sauce entsteht. Mit Salz und Pfeffer abschmecken.

3. Die marinierten Hähnchenstreifen auf die eingeweichten Holzspieße fädeln.

4. Diese Spieße legst du dann in die Pfännchen deines Raclette Grills.

5. Grill die Spieße auf der oberen Grillplatte, indem du sie von jeder Seite für etwa 3-5 Minuten grillst, bis das Hähnchen durchgegart und gebräunt ist.

6. Die Erdnusssauce in separate kleine Pfännchen geben und auf dem Raclette Grill erwärmen.

7. Die fertigen Spieße mit der warmen Erdnusssauce servieren und mit etwas Koriander bestreuen. Guten Appetit.

Antipasti-Spieße mit Artischocken und Oliven

Zubereitungszeit: 20 Minuten
Portionen: 4

Zutaten:

- 200 g kleine Artischockenherzen, halbiert
- 150 g grüne Oliven, entsteint
- 2 rote Paprika, in Würfel geschnitten
- 150 g Halloumi, in Würfel geschnitten
- 4 EL natives Olivenöl extra
- 1 TL getrockneter Oregano
- 1 TL getrockneter Basilikum
- 1 TL Paprikapulver, edelsüß
- Salz und Pfeffer nach Geschmack
- Einige Holzspieße, vorher in Wasser eingeweicht

Zubereitung:

1. In einer Schüssel Olivenöl, Oregano, Basilikum, Paprikapulver, Salz und Pfeffer vermischen.

2. Artischocken, Oliven, Paprikawürfel und Halloumi in die Marinade geben und gut vermischen.

3. Lasse die Zutaten für etwa 10 Minuten marinieren.

4. Fädle die marinierten Zutaten abwechselnd auf die Holzspieße.

5. Lege die Spieße in die Raclette-Pfännchen.

6. Grille die Spieße auf dem Raclette Grill, bis der Halloumi leicht gebräunt und das Gemüse weich ist. Guten Appetit.

Fleischbällchen mit Cranberry-Chutney

Zubereitungszeit: 30 Minuten
Portionen: 4

Zutaten:

- 500 g Rinderhackfleisch
- 1 mittelgroße Zwiebel, fein gehackt
- 2 Knoblauchzehen, fein gehackt
- 1 EL Senf
- 1 EL Sojasauce
- 2 TL Paprikapulver, edelsüß
- Salz und Pfeffer nach Geschmack
- 200 g frische Cranberries
- 100 ml Bio-Orangensaft
- 50 g brauner Zucker
- 1 Zimtstange
- 1 Sternanis

Zubereitung:

1. Vermenge das Rinderhackfleisch in einer Schüssel mit der gehackten Zwiebel, dem Knoblauch, Senf, Sojasauce, Paprikapulver, Salz und Pfeffer. Forme daraus kleine Bällchen.

2. Lege die Fleischbällchen in die Raclette-Pfännchen und lasse sie auf dem Raclette Grill garen, bis sie rundum gebräunt und durchgegart sind.

3. Für das Cranberry-Chutney gibst du die Cranberries, den Orangensaft, Zucker, Zimtstange und Sternanis in einen kleinen Topf. Lasse es aufkochen und dann bei niedriger Hitze köcheln, bis die Cranberries aufplatzen und die Sauce eindickt.

4. Serviere die Fleischbällchen mit dem warmen Cranberry-Chutney darüber. Guten Appetit.

Schlusswort

Liebe Leserin, lieber Leser,

wenn du diesen Text liest, hast du dich durch eine Vielzahl von Rezeptideen und kulinarischen Inspirationen hindurchgeblättert. Dafür möchte ich dir von Herzen danken. Ich hoffe, dass dieses Kochbuch für dich nicht nur eine Ansammlung von Rezepten, sondern auch eine Inspirationsquelle für eine bewusste und abwechslungsreiche Ernährung geworden ist.

Essen ist ein wichtiger und zentraler Teil unseres Lebens. Es versorgt uns nicht nur mit den notwendigen Nährstoffen, sondern bietet auch Gelegenheit für Gemeinschaft, Kreativität und Genuss. Deshalb ist es mir wichtig gewesen, Rezepte zusammenzustellen, die nicht nur gut für den Körper, sondern auch für die Seele sind. Ich hoffe, dass die Gerichte, die du aus diesem Buch zubereitest, sowohl deinen Geschmack als auch dein Wohlbefinden bereichern.

In diesem Sinne: Guten Appetit und viel Freude beim weiteren Entdecken, Experimentieren und Genießen. Und vergiss nicht, es warten noch viele weitere Rezepte darauf, von dir entdeckt zu werden.

Impressum

Copyright © 2023 – Vanessa Zimmermann
Verlagslabel: KochKreationX

Dieses Buch wurde mit der Unterstützung von KI erstellt.

ISBN Taschenbuch: 978-3-384-03315-4
ISBN Hardcover: 978-3-384-03316-1
ISBN E-Book: 978-3-384-03317-8

Druck und Distribution im Auftrag des Autors/der Autorin:
tredition GmbH, Heinz-Beusen-Stieg 5, 22926 Ahrensburg, Deutschland

Das Werk, einschließlich seiner Teile, ist urheberrechtlich geschützt. Für die Inhalte ist der Autor/die Autorin verantwortlich. Jede Verwertung ist ohne seine/ihre Zustimmung unzulässig. Die Publikation und Verbreitung erfolgen im Auftrag des Autors/der Autorin, zu erreichen unter: tredition GmbH, Abteilung "Impressumservice", Heinz-Beusen-Stieg 5, 22926 Ahrensburg, Deutschland.